LE SYSTÈME MODULAIRE

ET

LES PROPORTIONS

DANS L'ARCHITECTURE GRECQUE

PAR

M. CHARLES CHIPIEZ

Extrait de la *Revue Archéologique*, tome XIX, n° 1.

PARIS

ERNEST LEROUX, ÉDITEUR

28, RUE BONAPARTE, 28

1891

LE SYSTÈME MODULAIRE

ET

LES PROPORTIONS

DANS L'ARCHITECTURE GRECQUE

ANGERS, IMP. A. BURDIN ET Cⁱᵉ, RUE GARNIER, 4.

LE SYSTÈME MODULAIRE

ET

LES PROPORTIONS

DANS L'ARCHITECTURE GRECQUE

PAR

M. Charles CHIPIEZ

Extrait de la *Revue Archéologique*, tome XIX, n° 1.

PARIS

ERNEST LEROUX, ÉDITEUR

28, RUE BONAPARTE, 28

1891

LE SYSTÈME MODULAIRE

ET

LES PROPORTIONS

DANS L'ARCHITECTURE GRECQUE

On a beaucoup écrit sur les proportions des édifices grecs, mais, le plus souvent, sans donner une idée exacte du système modulaire, d'après lequel ces proportions sont établies.

Que l'on ouvre, en effet, la plupart des dictionnaires et des traités d'architecture, on y trouvera des propositions de ce genre :

— « Le module est une mesure arbitraire. »

— « Une conséquence du système des proportions grecques, c'est que, dans les temples, les hauteurs sont proportionnelles aux largeurs. »

— « Les dimensions et les proportions de ces mêmes édifices sont indépendantes les unes des autres. »

On y lira encore : « L'emploi du module a eu pour effet de déterminer les proportions d'une manière si précise, qu'il suffit de retrouver de minimes débris d'un édifice détruit, quelques fragments de denticules ou de triglyphe, par exemple, pour que l'on puisse restituer avec une certitude mathématique, tout l'édifice, dans ses proportions premières, etc., etc. »

Bien qu'elles soient généralement acceptées et qu'on leur ait même donné force d'axiomes, ces diverses propositions n'en sont pas moins les unes radicalement fausses et les autres plus ou moins erronées.

Il faut en convenir d'ailleurs, les proportions de l'architecture antique sont loin d'être aussi simples qu'on pourrait le croire. Elles se rapportent à un même principe, mais elles résultent aussi de nombreuses prescriptions canoniques et l'ensemble de ces règles constitue un système. Or, tout système implique, à la fois, réunion de parties et possibilité de disposer ces parties suivant certaines combinaisons ; en d'autres termes, une sorte de mécanisme susceptible de produire des effets plus ou moins différents les uns des autres.

Le rôle de ce mécanisme dans l'architecture hellénique a été incomplètement expliqué. Nous l'étudierons en nous appuyant sur la triple autorité des textes, des monuments et des travaux de quelques auteurs contemporains qui ont traité cette question.

I

LE MÉCANISME DU SYSTÈME MODULAIRE

Les livres que plusieurs architectes grecs avaient écrits sur leur art ne sont malheureusement pas arrivés jusqu'à nous. C'est aujourd'hui dans le seul traité de Vitruve qu'il est possible de puiser des notions un peu étendues sur le système des proportions architectoniques chez les anciens.

Nous ne l'ignorons pas, cette source peut paraître suspecte : Vitruve vivait vers le commencement de notre ère, il n'a connu d'autres édifices que ceux de l'Italie. C'est sur l'autorité des architectes ioniens du temps d'Alexandre qu'il appuie nombre de ses règles. On a vainement, dit-on, essayé de constater sur les édifices de la Grèce, l'emploi des modes de proportion qu'il décrit.

Ce ne sont pas là des arguments sans réplique : Vitruve avait lu et analysé les traités de plus de vingt architectes grecs, celui d'Ictinus entre autres, et l'on chercherait vainement, dans un autre auteur de l'antiquité, une théorie des proportions monumentales.

Est-il absolument certain, d'ailleurs, que le système de Vitruve ne concorde en aucune façon avec les ruines des temples grecs ?

La question vaut la peine d'être examinée ; mais, avant d'interroger les monuments, il nous paraît indispensable de chercher, dans Vitruve même, tout ce qui se rapporte à notre sujet.

La tâche ne sera pas sans difficulté. Les passages de son livre où il touche à des points de doctrine sont, entre eux, sans liaison suffisante et comme disséminés au hasard; ils présentent, de plus, une certaine obscurité d'expression. Mais nous renvoyons à un autre moment la discussion de quelques-uns des termes dont il se sert. Nous voulons d'abord exposer, en suivant un ordre systématique, la théorie générale des proportions, qui est éparse dans le traité de l'architecte romain.

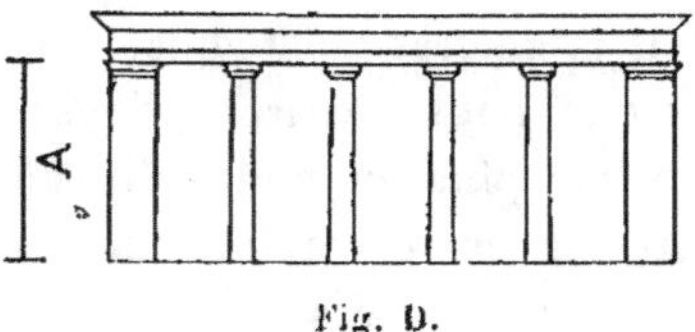

Fig. D.

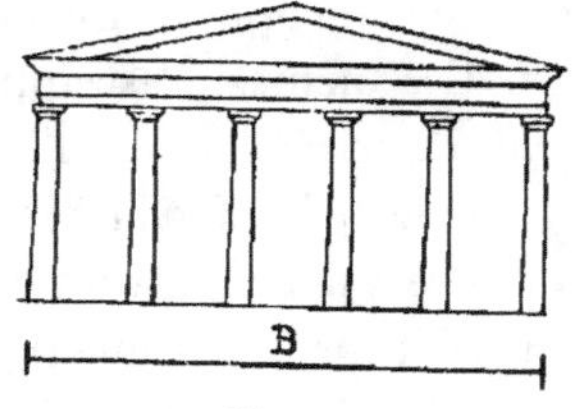

Fig. F.

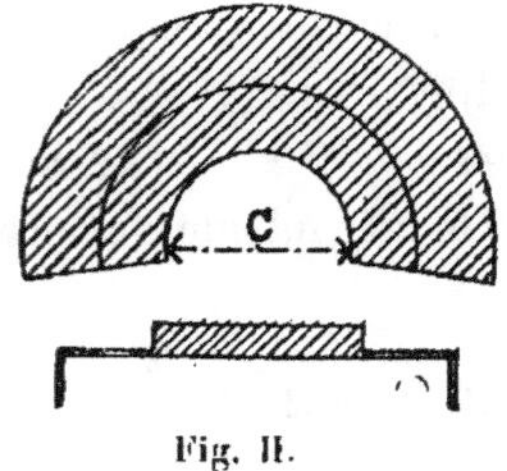

Fig. II.

Définitions. — Le module est une partie déterminée d'une grandeur également déterminée; il constitue, en principe, l'unité de mesure des proportions.

Les prescriptions canoniques désignent la grandeur dont dépend le module général. Dans les temples, c'est la largeur totale du monument, B (fig. F); la hauteur de la colonne, A, dans les portiques (fig. D); et dans les théâtres, le diamètre de l'orchestre, C (fig. II).

Le nombre, par lequel on doit diviser cette grandeur pour obtenir le module, varie suivant la nature de l'édifice et le mode d'architecture de cet édifice. Il est plus ou moins élevé dans les temples, suivant qu'ils sont doriques ou ioniques, et que les colonnes de leur façade sont plus ou moins nombreuses.

L'on divisera, dans sa largeur, la façade d'un temple dorique et tétrastyle en 27 parties, et en 42, celle d'un temple hexastyle, de même ordre, tandis que l'on partagera seulement en 18 parties la largeur d'un autre temple hexastyle d'ordre ionique.

Dans chaque cas, le module sera l'une de ces divisions [1].

Ainsi constitué, le module est la commune mesure des porportions premières d'un édifice [2]. Par son moyen, et suivant des modes que nous décrirons dans quelques instants, l'on fixe, d'une façon plus ou moins directe, les proportions de chaque membre d'un ordre d'architecture, et les rapports de ces membres les uns avec les autres.

Les prescriptions générales donnent toujours au diamètre de la colonne, de quelque ordre qu'elle soit, un ou au plus deux modules [3]. Ces mêmes prescriptions attribuent aussi au module une largeur de triglyphe, dans l'ordre dorique [4].

Telle est la doctrine fondamentale de Vitruve.

Le module est donc, suivant cet auteur, une mesure variable, mais non arbitraire, puisqu'elle doit se rapporter, en nombre rigoureusement déterminé, à l'une des dimensions de l'édifice où on l'emploie.

De plus, le module est indépendant de toutes les autres mesures linéaires.

Modules généraux. — Le module I. — Malgré l'unité de son principe, le mécanisme des proportions modulaires produit des

1. Toutes nos citations de Vitruve sont extraites de l'édition V. Rose et H. Müller-Strübing. Leipzig, 1868. — « Frons aedis doricae in loco quo columnae constituuntur dividatur, si tetrastylos erit, in partes XXVII, si hexastylos, XXXXII. Ex his pars una erit modulus. » (IV, iii, 3.) — «... Si sex erit columnarum, in partes XVIII. Si octastylos constituetur, dividatur in XXIV et semissen. Item ex his partibus sive tetrastyli, sive hexastyli, sive octastyli una pars sumatur eaque erit modulus. » (III, iii, 7.)

2. « Cujus moduli constitutione ratiocinationibus efficiuntur omnis operis distributiones. » (IV, iii, 3.) — «... Ex his pars una erit modulus, ad quem uti supra scriptum est ea dividantur. » (IV, iii, 8.)

3. « Cujus moduli unius erit crassitudo columnarum. » (III, iii, 7.) — « Crassitudo columnarum erit duorum modulorum. » (IV, iii, 4.)

4. « Et primum in aedibus sacris aut e columnarum crassitudinibus aut triglypho aut etiam embate. » (I, ii, 4.)

effets généraux très différents les uns des autres et qui, au premier abord, peuvent paraître même contradictoires. Un certain nombre d'exemples, où les règles posées par Vitruve seront appliquées, rendront compréhensibles ce mécanisme ainsi que ses effets.

Commençons par élever, sur une largeur CD (fig. ɪ, pl. I), un édifice public semblable à ceux que l'on construisait à proximité des théâtres pour servir d'abri au peuple, en certaines circonstances et constituons-le d'ordre dorique, avec un entre-colonnement eustyle (de mod. 2 1/4).

Dans un édifice de ce genre, la règle est de prendre le module, non sur la largeur CD de l'édifice, mais sur AB, hauteur de la colonne. Il faut ensuite diviser cette hauteur en 15 parties ; une de ces parties est le module, égal au demi-diamètre de la colonne [1].

Nous désignerons ce module par le chiffre I.

Augmentons ensuite la largeur CD de l'édifice (pl. I, fig. ɪɪ), en conservant la même profondeur, et tout en maintenant le module, l'échelle et le genre d'entre-colonnement de la figure précédente.

Cette opération, nous pouvons l'effectuer sans sortir des prescriptions canoniques ; elle a seulement pour résultat de faire entrer dans la composition de l'édifice un plus grand nombre de colonnes.

Les 'mêmes prescriptions ne s'opposent pas davantage à ce qu'une opération semblable soit exécutée, dans les mêmes conditions, sur la largeur CD (fig. ɪɪɪ, pl. I), comme sur un nombre indéfini d'autres largeurs, de plus en plus grandes.

Ces édifices sont dans tous les cas d'une même hauteur.

Par conséquent, la hauteur n'est pas proportionnelle à la largeur, dans les édifices élevés d'après le module I.

1. « Itaque si dorici generis erunt columnae, dimetiantur earum altitudines cum capitulis in partes XV. » — « Ex eis partibus una constituatur et fiat modulus, ad cujus moduli rationem omnis operis erit explicatio. Et in imo columnae crassitudo fiat duorum modulorum. » — «... altitudo columnae praeter capitulum XIIII modulorum, capituli altitudo moduli unius. » (V, ɪx, 3.)

Il est aisé de trouver, dans l'architecture grecque, nombre d'exemples où l'on peut constater l'emploi de ce module. Contentons-nous de citer les portiques d'Olympie, de Délos et d'Éphèse.

Modules généraux (suite). — *Le module II.* — Élevons maintenant sur chacune des différentes largeurs EH (pl. I, fig. iv, v et vi), un temple hexastyle d'ordre dorique, avec entre-colonnement diastyle (de mod. 2 1/2, et de 3 modules pour l'entre-colonnement du milieu).

Cette fois le module sera pris sur la largeur de l'édifice, divisée en 42 parties, conformément au canon des temples doriques. Une de ces parties est le module égal au demi-diamètre de la colonne. Celle-ci aura seulement 14 modules de hauteur[1].

Il importe de le remarquer, cette façon de déterminer le module, sur une largeur, est de règle pour tous les temples, quels que soient leur ordre et le nombre de colonnes de leur façade, qu'ils soient tétrastyles ou hexastyles, octostyles, décastyles ou dodécastyles.

Nous désignerons ce module par le chiffre II.

Les conséquences qu'entraîne l'emploi du module II se font saisir à première vue (pl. I, fig. iv, v et vi).

Nous les formulerons ainsi :

Si l'on compare entre eux des temples de largeurs différentes, mais de même ordre (dorique ou ionique), de même genre (tétrastyles ou hexastyles, etc.), et ayant un même mode d'entre-colonnement (diastyle ou systyle, etc.), les hauteurs, dans ces temples, sont proportionnelles aux largeurs.

On voit combien les effets du module II sont différents de ceux du module I. Dans les figures i, ii et iii, planche I, les colonnes ont une hauteur constante quelle que soit la largeur de l'édifice, tandis que dans les figures iv, v et vi, planche I, où la dimension du module s'accroît en même temps que la largeur

1. « Crassitudo columnarum erit duorum modulorum, altitudo cum capitulo XIIII. Capituli crassitudo unius moduli, latitudo duorum et moduli sextae partis. » (IV, iii, 4.)

du temple, les colonnes, sans changer de proportions, augmentent de hauteur et de largeur, de même que tous les autres membres d'architecture.

Dans aucun de ces exemples on ne pourrait donc avoir de colonnes d'une moindre ou d'une plus grande hauteur. Ce ne sont pas les seuls effets que produit le module II, comme nous le verrons plus loin.

On ne peut être embarrassé pour vérifier dans les monuments de l'architecture grecque l'emploi de ce module qui a réglé, sans exception, les proportions de tous les temples. Nous citerons comme offrant des rapports analogues à ceux qui caractérisent les figures iv, v et vi de la planche I, les temples doriques et hexastyles de Thésée à Athènes, de Diane à Ségeste et de la Concorde à Agrigente.

Effets complexes de l'emploi du module II. — Un certain nombre d'exemples sont encore nécessaires pour compléter la théorie de ce module. Au lieu de l'ordre dorique des figures précédentes, nous emploierons dans les figures i, ii, iii et iv, planche II, l'ordre ionique, tel que Vitruve l'a décrit.

Voici la règle générale des temples de cet ordre.

Le module est déterminé sur la largeur du temple, divisé en 11 parties et demie pour les tétrastyles, en 18, pour les hexastyles, et en 24 pour les octostyles. Le module est toujours une de ces parties, mais il est indiqué, dans ce cas, comme égal au diamètre de la colonne [1].

Les temples ioniques et eustyles ont des colonnes de 9 mo-

---

1. « Hujus autem rei ratio explicabitur sic. Frons loci quae in aede constituta fuerit, si tetrastylos facienda fuerit, dividatur in partes *XIS* praeter crepidines et projecturas spirarum, si sex erit columnarum in partes XVIII. Si octastylos constituetur, dividatur in XXIV et semissen. Item ex his partibus sive tetrastyli sive hexastyli sive octastyli una pars sumatur eaque erit modulus, cujus moduli unius erit crassitudo columnarum intercolumnia singula, praeter media, modulorum duorum et moduli quartae partis. Mediana in fronte et pastico singula ternum modulorum. Ipsarum columnarum altitudo modulorum VIIII et dimidiae moduli partis. Ita ex ea divisione intercolumnia altitudinesque columnarum habebunt justam rationem. » (III, iii, 7.)

dules de hauteur[1]. Le fronton a en élévation la neuvième partie de sa largeur[2].

Donnons un même module à chacun des temples tétrastyles, hexastyles et octostyles que nous voulons représenter sur les largeurs MT, NZ et OZ (pl. II, fig. I, II et III), à peu près semblables à celles des figures de la planche I. Quelle qu'en soit la largeur, ces temples auront nécessairement des colonnes de même dimension.

Donc, si l'on compare entre eux des temples de genres différents, mais de même ordre, et élevés sur des largeurs inégales, avec un même module, la hauteur des colonnes n'est pas proportionnelle à la largeur de l'édifice.

Le fronton, seul, s'accroît un peu en élévation, à mesure que le temple s'étend dans le sens transversal.

Pour faire mieux comprendre encore les différences qui existent entre les temples des figures IV, V et VI, et ceux des figures I, II et III (pl. II), tous également construits d'après le module II, nous dirons que dans les premiers, la largeur des monuments et la hauteur des moulures, des chapiteaux, etc., augmentent ou diminuent en même temps, tandis que, dans les seconds, la hauteur de tous les membres d'architecture reste invariable.

Il n'est donc pas exact de dire, en généralisant, que dans les temples, les hauteurs sont proportionnelles aux largeurs. Cette proposition n'est vraie que si elle est restreinte aux temples d'un même nombre de colonnes et d'un même genre d'entre-colonnement.

1. Les manuscrits de Vitruve ne s'accordent pas sur ce nombre. Il est à remarquer toutefois que, dans son VIe livre, Vitruve attribue à la colonne ionique 9 modules de hauteur, comme proportion-type. « Posteri vero elegantia subtilitateque judiciorum progressi et gracilioribus modulis delectati septem crassitudinis diametros in altitudinem columnae doricae, ionicae novem constituerunt. » (IV,1, 8.) V. Rose. — Le nombre plus ou moins grand de modules dans la hauteur d'un membre d'architecture est d'ailleurs indifférent en ce qui regarde le mécanisme général des proportions.

2. « Tympani autem quod est in fastigio altitudo sic est facienda uti frons coronae ab extremis cymatiis tota dimetiatur in partes novem et ex eis una pars in medio cacumine tympani constituatur, dum contra epistylia columnarumque hypotrachelia ad perpendiculum respondeat. » (III, v, 12.)

Il ne manque pas d'édifices antiques élevés sur des largeurs inégales et dont les colonnes sont à peu près d'une même hauteur[1].

Parmi les temples doriques de la Grèce qui répondent à ces conditions, on peut citer le temple hexastyle de Némée, le Parthénon qui est octostyle, et même un frontispice dodécastyle, ou de douze colonnes, celui qui fut élevé par Philon, au temple de Cérès, à Éleusis.

Dans les figures I, II et III, le module II semble se confondre avec le module I, mais en réalité, il en est nettement distinct.

Imaginons, en effet, une largeur PZ (fig. IV, pl. II), plus grande que la largeur NZ (fig. II, pl. II), et moindre que la largeur OZ (fig. III, pl. II).

Puis, sur cette largeur PZ, élevons un temple ionique de six colonnes, exactement semblable à celui de la figure II. Il se produira ceci : ce temple de six colonnes, moins large que le temple de la figure III, lequel compte huit colonnes en façade, aura pourtant une hauteur plus grande que celle de ce dernier édifice.

Il est aisé de voir que dans une série comme celle des figures I, II et III, planche II, et que l'on pourrait continuer jusqu'aux temples ayant en façade le plus grand nombre de colonnes qu'on leur puisse donner, c'est-à-dire aux temples dodécastyles, la particularité que nous venons d'observer se reproduira dans chaque cas d'intercalation entre les termes successifs de la série, et cela, en conséquence de la longueur dont s'augmente le module des temples intermédiaires[2].

Dans de telles conditions, un tétrastyle sera plus haut que l'hexastyle qui lui succède, et ainsi de suite.

Cette particularité, nous pouvons la vérifier sur des édifices doriques datant, à peu près, d'une même époque.

---

1. De 10 à 11 mètres.

2. La hauteur du temple de la figure x résulte de la largeur même de ce temple, tandis que, dans les édifices élevés d'après le module I, hauteur et largeur sont indépendantes l'une de l'autre.

Le temple d'Olympie, construit par Libon, a 27ᵐ,40 de largeur (95 pieds d'après Pausanias)[1] ; six colonnes de front et une hauteur d'environ 19 mètres.

Le Parthénon d'Ictinus, de 30ᵐ,68 de largeur, a huit colonnes en façade et une hauteur de 18 mètres seulement[2].

Ainsi, le temple hexastyle d'Olympie est plus haut que le Parthénon octostyle, lequel est cependant plus large de 3 mètres.

Les proportions du temple d'Olympie avaient frappé les anciens ; Strabon constate la hauteur de cet édifice, tout en faisant remarquer que le dieu, en se mettant debout, briserait le plafond du temple[3].

Des auteurs modernes ont fait observer, à leur tour, que, dans le Parthénon, les sculptures du fronton ne se verraient pas assez distinctement si ce fronton était placé à une hauteur plus grande.

La théorie modulaire montre que ces édifices ne pouvaient pas avoir entre eux d'autres relations de hauteur.

Nous pouvons donc dès maintenant l'affirmer, les temples grecs ont été constitués d'après les lois générales du module que Vitruve définit dans son traité.

Les canons et les modules correctifs. — Influence des dimensions sur les proportions. — Dans les différents ordres, les colonnes ont des proportions typiques qui les caractérisent en propre, tout autant que leur forme. La hauteur de la colonne dorique est par exemple de 14 modules et celle de la colonne ionique de 9 modules, le module étant dans ce dernier cas égal au diamètre de la colonne, et dans le premier, au demi-diamètre seulement[4].

---

1. L. V, x, 3.
2. Les hauteurs de ces édifices sont prises au-dessus des gradins.
3. L. VIII, xxx.
4. « Crassitudo columnarum erit duorum modulorum, altitudo cum capitulo XIIII. » (IV, iii, 4.) — Dans son IIIᵉ livre où il traite spécialement de l'ordre ionique, Vitruve n'indique pas explicitement la hauteur typique des colonnes de cet ordre. Il donne des hauteurs différentes pour chaque cas d'entre-colonnement, mais ces hauteurs étant de 10 modules, avec l'entre-colonnement le plus large et de 8 avec le plus étroit, il en résulte une hauteur moyenne de 9 modules. Nous l'avons dit déjà, c'est le même nombre de 9 modules qu'il considère comme étant celui que les Ioniens donnaient aux colonnes de leurs temples. (IV, 1, 8.)

Ces proportions sont fixées par le canon général de chacun des ordres, mais en instituant ce canon on a considéré isolément les colonnes et abstraction faite des modes suivant lesquels on peut les assembler. Quand on les aligne, des vides ou entre-colonnements les séparent; elles forment ce que l'on nomme une ordonnance.

Les proportions des colonnes dépendent alors de règles spéciales. Vitruve nous fait connaître celles de ces règles que l'on suivait de son temps.

Partant de ce principe, parfaitement rationnel, que les colonnes doivent avoir d'autant moins de hauteur que les entre-colonnements sont plus larges, il détermine cette proportion de hauteur de la manière suivante : (fig. i, ii, iii, iv et v, pl. III), l'entre-colonnement pycnostyle (1 mod. 1/2 de larg.), doit avoir des colonnes de 10 modules; le systyle (2 mod. de larg.), des colonnes de 9 modules 1/2; le diastyle (3 mod. de larg.), des colonnes de 8 modules 1/2, et l'aréostyle (4 mod. de larg. ou plus), des colonnes de 8 modules.

Quant à la hauteur des colonnes de l'eustyle (2 mod. 1/4 de larg.), nous la fixons à 9 modules, les manuscrits ni les éditeurs de Vitruve ne s'accordant sur ce point[1].

Cette règle des entre-colonnements offre un exemple de ce que nous appelons les *canons correctifs*. Les règles de ce genre sont établies pour modifier dans certains cas les canons généraux, à

---

1. « Aedibus araeostylis columnae sic sunt faciendae uti crassitudines earum sint partis octavae ad altitudines. Item in diastylo dimetienda est altitudo columnae in partes octo et dimidiam et unius partis columnae crassitudo conlocetur. In systylo altitudo dividatur in novem et dimidiam partem et ex eis una ad crassitudinem columnae detur. Item in pycnostylo dividenda est altitudo in decem et ejus una pars facienda est columnae crassitudo. Eustyli autem aedis columnae, uti systyli, in novem partes altitudo dividatur et dimidiam partem et ejus una pars constituatur in crassitudine imi scapi. » (III, iii, 10.)

Les colonnes de l'eustyle occupant le milieu de la série d'entre-colonnements représentés dans la planche III doivent accuser en conséquence la hauteur moyenne de l'ordre. Dans la note précédente nous avons vu que cette hauteur était de 9 modules ; c'est par cette raison que nous l'avons choisie pour l'eustyle. Remarquons d'ailleurs que ce nombre de modules complète, en la rendant régulière, la proportion décroissante d'un demi-module entre la hauteur des colonnes, dans les divers genres d'entre-colonnements : 10, 9 1/2, 9, 8 1/2, 8.

raison, par exemple, du plus ou moins de largeur des entre-colonnements, ou de la hauteur plus ou moins grande des colonnes.

Dans le vi^e chapitre de son IIIe livre, Vitruve dit en termes formels : « Si les colonnes ont de 12 à 15 pieds, l'architrave aura la hauteur du demi-diamètre de la colonne; si elles ont de 15 à 20 pieds, la hauteur sera divisée en 13 parties, dont une sera donnée à l'architrave. Si elles sont de 20 à 25 pieds, la hauteur sera divisée en 12 parties 1/2, dont une formera l'architrave, etc. [1]. » (Pl. IV, fig. vi, vii, viii et ix.)

Au moyen de ces divisions de la colonne, on détermine une mesure tout à fait distincte du module général qui a été pris en premier lieu sur la largeur du temple. La nouvelle mesure que l'on obtient ainsi est destinée à modifier, dans des limites déterminées suivant les cas, les rapports de hauteur entre certaines parties du temple. C'est un *module correctif.*

Les dimensions règlent aussi l'amincissement de la colonne à l'extrémité supérieure de son fût, suivant cette loi de raison qu'un fût doit être d'autant plus large à son extrémité supérieure que la colonne est plus haute.

Si la colonne a de 15 à 20 pieds, on divisera le diamètre inférieur en 6 parties et le diamètre supérieur aura 5 de ces parties.

Ces nombres varient suivant la dimension de la hauteur. Pour les colonnes de 40 à 50 pieds, on divise le diamètre inférieur en 8 parties et le supérieur en 7 [2]. — (Pl. IV, fig. i, ii, iii, iv et v.)

Ainsi, d'après notre auteur, les proportions ne sont pas indépendantes des dimensions, excepté toutefois quand, par la nature

---

1. « .... epistyliorum ratio sic est habenda uti si columnae fuerint a minima XII pedum ad XV pedes, epistylii sit altitudo dimidiae crassitudinis imae columnae, item si ab XV pedibus ad XX, columnae altitudo dimetiatur in partes tredecim et unius partis altitudo epistylii fiat, item si a XX ad XXV pedes, dividatur altitudo in partes XII et semissem et ejus una pars epistylium in altitudine fiat, etc. » (III, v, 8.)

2. « Contracturae autem in summis columnarum hypotracheliis ita faciendae videntur uti si columna sit ab minimo ad pedes quinos denos, ima crassitudo dividatur in partes sex et earum partium quinque summa constituatur. — ... Quae erunt ab quadraginta pedibus ad quinquaginta, item dividendae sunt in octo partes et earum septem in summo scapo sub capitulo contrahantur. » (III, iii, 12.)

des choses, certaines parties de l'édifice doivent conserver les dimensions invariables commandées par l'échelle humaine ; telles sont, dit-il, les marches d'escalier et les sièges de marbre du théâtre [1].

Après avoir défini brièvement la méthode générale, que Vitruve n'expose nulle part sous cette forme suivie et systématique, il nous reste à considérer le mode particulier qui règle les proportions des différents membres d'architecture dans l'ordre dorique, comme dans l'ordre ionique, mais, pour mener à bien cette étude, il nous importe d'établir auparavant la signification de quelques termes incomplètement définis par Vitruve.

Proportion et Symétrie. — Au commencement du V° livre de son traité, Vitruve déplore la nécessité où il se trouve d'employer des mots techniques. Ces sortes de mots, plus ou moins vagues et obscurs dans leur acception, étant, dit-il, de nature à produire une certaine confusion dans l'esprit du lecteur [2].

La signification de ces mots déjà difficiles à saisir du temps de l'auteur est bien autrement douteuse pour nous. Certaines expressions : *Dispositio* et *Distributio*, *Symmetria* et *Proportio*, etc., ne se distinguent souvent l'une de l'autre que par de simples nuances, et Vitruve paraît les employer quelquefois les unes pour les autres.

De plus, nombre d'entre elles ont été détournées de leur signification en passant dans notre langue.

A l'exception d'un seul [3], les traducteurs français de Vitruve ont fait d'ailleurs tout ce qui dépendait d'eux pour rendre inin-

---

1. « Sunt enim res quas et in pusillo et in magno theatro necesse est eadem magnitudine fieri propter usum, uti gradus diazomata pluteos itinera ascensus pulpita tribunalia et si qua alia intercurrunt ex quibus necessitas cogit discedere ab symmetria ne impediatur usus. » (V, VI, 7.)

2. « Id autem in architecturae conscriptionibus non potest fieri, quod vocabula ex artis propria necessitate concepta inconsueto sermone objiciunt sensibus obscuritatem. Cum ergo ea per se non sint aperta nec pateant eorum in consuetudine nomina, tum etiam praeceptorum late vagantes scripturae, si non contrahantur et paucis et perlucidis sententiis explicentur, frequentia multitudineque sermonis impediente incertas legentium efficient cogitationes. » (V, 1.)

3. Jean Martin, *Architecture, ou Art de bien bastir, de Marc Vitruve Pollion.* Paris, 1572.

telligibles ces sortes d'expressions. Ne pouvant, par exemple, donner à *symétrie* la signification toute moderne de correspondance absolue et d'égalité entre les parties opposées d'un même objet, mais incertain du sens que les anciens assignaient à ce mot, Perrault, suivi par les autres commentateurs, fausse la pensée de Vitruve et la dénature même, en traduisant *symétrie* par « proportion », ce qui l'oblige à traduire *proportion* par « rapport ».

Il crée de la sorte une confusion regrettable en donnant un sens identique à des mots qui désignent des choses différentes. Disons d'ailleurs que, dans une note il reconnaît avec franchise que *proportio* pourrait être traduit en français par « proportion »; il va même jusqu'à dire qu'il est fâcheux de ne pas le rendre ainsi[1].

Tout d'abord notre intention était de restituer à un certain nombre de termes techniques employés par Vitruve, une signification nous paraissant plus exacte que celle qui leur est attribuée par ces traducteurs, plus en rapport avec l'idée que les anciens devaient y attacher. Mais ce sujet comporte des développements si étendus, que nous avons dû renoncer à notre idée. Une digression de ce genre serait tout à fait hors de proportion avec le cadre que nous nous sommes tracé.

Il convient de rappeler cependant que les Grecs qualifiaient de symétriques, les quantités qui ont une commune mesure.

Vitruve n'emploie pas le mot *symétrie* dans une acception bien déterminée; pour lui la symétrie naît de la proportion :

« Symmétrie est un consentement et concordance des membres particuliers de l'œuvre, et, pour mieux dire, correspondance d'iceux, distingués d'avec la totalité de la masse. —... Cette symétrie est engendrée de proportion que les Grecs nomment analogie. Proportion est un certain rapport et convenance des membres ou particularités à toute la masse d'un bâtiment, et de ceste-là vient à se parfaire la conduite d'icelles symmétries. Or n'y a-il ne temple ny autre edifice qui puisse avoir grâce de bonne structure sans symmétrie et proportion, et si la convenance

1. Perrault, *Les dix livres d'architecture de Vitruve*, p. 53, note 3. Paris, MDCLXXIII.

n'est gardée en toutes ses parties, aussi bien qu'en un corps humain parfaitement formé. » — (J. Martin, pp. 11 et 62-63[1].)

Notons encore que dans son traité Vitruve parle assez rarement de la proportion ; fréquemment, au contraire, de la symétrie, qu'il associe généralement à la proportion. Il dit quelquefois les proportions, mais bien plus souvent les symétries.

Ne pouvant donner, en ce moment, une part suffisante à la discussion des textes, nous nous bornerons à présenter, sommairement et en nous aidant d'un tracé, quelques observations sur les mots *Proportio* et *Symmetria*.

La figure K, représentant un entablement corinthien de style romain, fera comprendre la signification de ces mots.

Comme tous les entablements canoniques, celui qui est représenté dans cette figure par le chiffre I, se compose de trois membres placés les uns au-dessus des autres, dans un ordre régulier.

Vitruve entend par *Symétrie* les combinaisons de nombres qui règlent, dans chacun de ces membres, la hauteur, la saillie, la disposition des moulures et les rapports de ces moulures entre elles. De ces combinaisons, dérivent les symétries différentes de l'architrave ɪ, de la frise ɪɪ, de la corniche ɪɪɪ, et, finalement, la symétrie générale de l'entablement I. Il en est de même dans tous les cas ; la symétrie générale d'une salle, par exemple, résulte de ses rapports de longueur, de largeur et de hauteur.

Quant aux proportions particulières qui produisent la commodulation, ainsi que s'exprime notre auteur, ou la proportion générale de l'entablement ɪ, elles sont indiquées dans deux tracés (II-III) ; les premières, par les divisions ɪv, v et vɪ ; vɪɪ, vɪɪɪ et ɪx, et la seconde, par le contour de chacun de ces tracés.

---

1. « Item symmetria est ex ipsius operis membris conveniens consensus ex partibusque separatis ad universae figurae speciem ratae partis responsus. » (I, ɪɪ, 4.) « ... Ea autem paritur a proportione, quae graece ἀναλογία dicitur. Proportio est ratae partis membrorum in omni opere totiusque commodulatio, ex qua ratio efficitur symmetriarum. Namque non potest aedis ulla sine symmetria atque proportione rationem habere compositionis, nisi uti ad hominis bene figurati similitudinem membrorum habuerit exactam rationem. » (III, ɪ, 1.)

On le voit, la proportion fixe la place et la limite des symétries, mais elle ne les détermine pas. Il est clair, en effet, que, tout en conservant l'ensemble et le détail des tracés II et III, nous

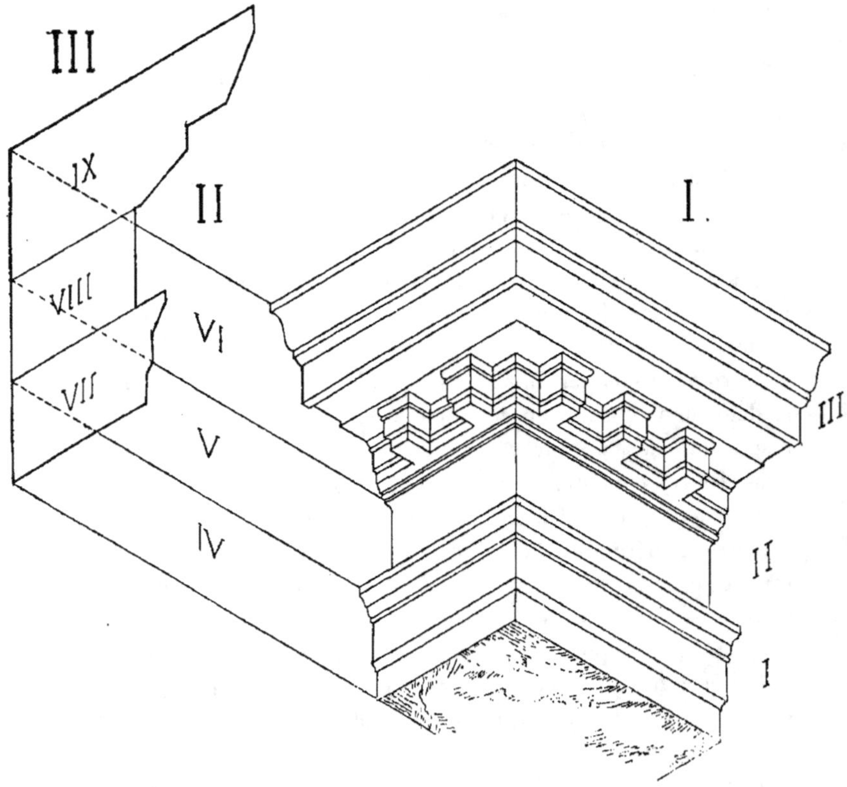

Fig. K.

pourrions substituer, à volonté, d'autres symétries à celles de l'entablement I, et que ces symétries diverses se rapporteraient à une même proportion. En outre, la symétrie implique les trois dimensions, et la proportion ne les implique pas.

Nous n'avons certes pas la prétention de définir complètement, ici, la signification de ces termes, mais il importait de les expliquer, dans une certaine mesure, pour l'intelligence des pages qui suivent.

Les modules auxiliaires. — Les symétries définies tout d'abord par Vitruve sont celles de l'ordre ionique, son ordre de prédilection. Il constitue ces symétries au moyen du module, mais en employant cette mesure d'une façon tout autre que les architectes modernes.

Veut-il indiquer la hauteur du chapiteau? Il commence par fixer la proportion de la surface supérieure et horizontale de l'abaque qui couronne ce chapiteau.

Cette surface sera carrée; elle aura pour mesure de chacun de ses côtés le diamètre inférieur de la colonne, plus une dix-huitième partie de ce diamètre; la hauteur totale du chapiteau sera la moitié de la dimension ainsi obtenue. On divisera ensuite cette dernière dimension en neuf parties et demie; une partie et demie sera la hauteur de l'abaque et les huit autres fixeront celles des volutes[1]. — (Pl. V, fig. 1.)

Dans les bases attiques (pl. V, fig. 11), la largeur de chaque face de la plinthe carrée sera d'un diamètre et demi et la hauteur totale, de la moitié d'un diamètre. Les divisions de cette hauteur seront au nombre de deux; l'une égale au tiers du diamètre de la colonne, comprendra la hauteur des moulures de la base et l'autre, celle de la plinthe. Ensuite, la division égale au tiers d'un diamètre sera partagée en quatre parties égales : la première, en commençant par l'extrémité supérieure de la base, sera pour le tore du haut. Les trois autres, seront divisées en deux, à leur tour. L'une de ces parties déterminera la hauteur de la scotie et

1. « Scapis columnarum statutis capitulorum ratio si pulvinata erunt his symmetriis conformabitur uti quam crassus imus scapus fuerit addita octava decuma parte scapi abacus habeat longitudinem et latitudinem, crassitudinem cum volutis ejus dimidiam. Recedendum autem est ab extremo abaco in interiorem partem frontibus volutarum parte duodevicensima et ejus dimidia. Tunc crassitudo dividenda est in partes novem et dimidiam, et secundum abacum in quattuor partibus volutarum secundum extremi abaci quadram lineae demittendae quae cathetoe dicuntur. Tunc ex novem partibus et dimidia, una pars et dimidia abaci crassitudo relinquatur, reliquae octo volutis constituantur. » (III, v, 5.)

des listels placés sous le tore supérieur, et l'autre, l'élévation du tore inférieur[1].

Quant à l'architrave (pl. V, fig. III) — (nous avons dit comment on en obtenait la hauteur complète; CD, voir pl. IV, fig. VI, VII, VIII et IX), il faut la diviser, dans le sens vertical, en sept parties égales; une de ces parties sera la hauteur, 1, de la cymaise qui la couronne. Puis, on divisera en douze la totalité des six autres; trois de ces parties seront la hauteur de la face d'en bas, quatre, de la face du milieu et cinq, de la face supérieure de cette architrave[2].

La frise EK (fig. IV, pl. V), si l'on y sculpte des figures doit être plus élevée que l'architrave d'une quatrième partie, et moins haute, également d'une quatrième partie, quand elle n'est pas ornée de figures[3].

Une méthode semblable est suivie pour la corniche (pl. V, fig. V) : la hauteur d'un denticule égale celle de la face du milieu de l'architrave, et la cymaise placée au-dessous de ces denticules a la septième partie de la hauteur, EK, de la frise.

La même face du milieu de l'architrave règle encore l'élévation du larmier. Enfin, cette dernière moulure mesurée d'une extrémité à l'autre, dans le sens transversal de l'édifice, et divisée en neuf parties, fixe, dans le fronton, la hauteur du tympan, égal à l'une de ces parties[4].

1. « Altitudo ejus si atticurges erit, ita dividatur ut superior pars tertia parte sit crassitudinis columnae, reliquum plintho relinquatur. Dempta plintho, reliquum dividatur in partes quattuor fiatque superior torus quartae, reliquae tres aequaliter dividantur et una sit inferior torus, altera pars cum suis quadris scotia, quam Graeci τροχίλον dicunt. » (III, v, 2.)

2. « Cymatium epistylii septima parte suae altitudinis est faciendum, et in projectura tantundem. Reliqua pars praeter cymatium dividenda est in partes XII et earum trium ima fascia est facienda, secunda IIII, summa, V. » (III, v, 10.)

3. « Item zophorus supra epistylium quarta parte minor quam epistylium sin autem sigilla designari oportuerit, quarta parte altior quam epistylium, uti auctoritatem habeant scalpturae. » (III, v, 10.)

4. « Supra zophorum denticulus est faciendus tam altus quam epistylii media fascia, projectura ejus quantum altitudo. Intersectio, quae graece μετόπη dicitur, sic est dividenda uti denticulus altitudinis suae dimidiam partem habeat in fronte, cavum autem intersectionis hujus frontis e tribus duas partes, hujus cy-

Les lignes *a, a, b, b*, montrent les rapports de similitude qui existent entre les hauteurs et les saillies de la corniche.

Des règles de même genre déterminent la proportion et les symétries des différents membres de l'ordre dorique. La figure VI (pl. V) est une traduction graphique de ces règles.

Voici la manière dont Vitruve indique les proportions d'une porte de temple.

Si cette porte est dorique, on fixera la hauteur de l'ouverture en divisant en trois parties et demie l'espace compris entre le sol et le plafond du pronaos; deux de ces parties donneront la hauteur du vide, et le rétrécissement de ce vide à sa partie supérieure sera de la troisième partie de la hauteur du chambranle, si la hauteur de la baie est de 16 pieds, de la quatrième, si elle est de 16 à 25 pieds. Enfin cette partie aura le haut de sa corniche parfaitement de niveau avec l'extrémité supérieure du chapiteau qui couronne les colonnes du pronaos [1].

Excepté en ce qui regarde la colonne, Vitruve détermine rarement les proportions générales de hauteur. Il ne donne ni celle de l'édifice, ni celle de l'entablement. Pour l'entablement ioni-

matium altitudinis ejus sextam partem. Corona, cum suo cymatio praeter simam, quantum media fascia epistylii, projectura coronae cum denticulo facienda est quantum erit altitudo a zophoro ad summum coronae cymatium, et omnino omnes ecphorae venustiorem habent speciem quae quantum altitudinis tantundem habeant projecturae. Tympani autem quod est in fastigio altitudo sic est facienda uti frons coronae ab extremis cymatiis tota dimetiatur in partes novem et ex eis una pars in medio cacumine tympani constituatur, dum contra, epistylia columnarumque hypotrachelia ad perpendiculum respondeat. Coronae que supra aequaliter imis praeter simas sunt conlocandae. Insuper coronas simae, quas Graeci ἐπαιετίδας dicunt, faciendae sunt altiores octava parte coronarum altitudinis. » (III, v, 11, 12.)

1. « Dorici symmetriae conspiciuntur his rationibus uti corona summa, quae supra antepagmentum superius imponitur, aeque librata sit capitulis summis columnarum quae in pronao fuerint. Lumen autem thyretri constituatur sic uti quae altitudo aedis a pavimento ad lacunaria fuerit, dividatur in partes tres semis et ex eis duae semis lumini valvarum altitudine constituantur. Haec autem dividatur in partes XII et ex eis quinque et dimidia latitudo luminis fiat in imo. Et in summo contrahatur si erit lumen ab imo ad sedecim pedes, antepagmenti III parte, si XVI pedum ad XXV, superior pars luminis contrahatur antepagmenti parte IIII, si a pedibus XXV ad XXX, summa pars contrahatur antepagmenti parte VIII. Reliqua quo altiora erunt, ad perpendiculum videntur oportere conlocari. » (IV, vi, 1.)

que, par exemple, il déduit la hauteur de l'architrave de celle de
la colonne, et la hauteur des différentes parties de l'entablement, de celle de l'architrave.

Les motifs de cette particularité paraîtront très compréhensibles si l'on réfléchit que, dans le système de notre auteur, les
dimensions modifient constamment les proportions, et que l'emploi des modules correctifs rend inutiles les prescriptions relatives
à certains rapports généraux qui sont de nature à varier.

Cette façon de procéder diffère de celle qu'ont adoptée la
plupart des architectes du xvie siècle. Ceux-ci subdivisent le
module, comme nous le faisons encore, en un certain nombre de
parties que l'on appelle minutes et secondes, puis, ils établis-
sent les proportions en se servant de ces mesures, comme d'une
échelle ordinaire.

Perrault, l'un des traducteurs de Vitruve, met en lumière, par
un exemple significatif, les complications produites par cette
dernière méthode. Il montre que les proportions de la base attique, si simplement établies, suivant le système de Vitruve, ne
le sont que bien péniblement dans l'autre système. « Pour ne
point faire de fractions, il faudrait, dit-il, partager le module en
420 minutes pour en donner 140 à la plinthe, 105 au tore d'en
bas, 70 au tore d'en haut, 75 à la scotie et 15 à chaque filet. »

Vitruve a sagement évité cet excès de petites divisions. Au
moyen de son module, il produit autant d'échelles différentes
qu'il est nécessaire pour constituer aisément des proportions se
rapportant l'une à l'autre, ou se déduisant les unes des autres.

Un membre d'architecture, par exemple, est divisé en parties
égales, et un certain nombre de ces parties déterminent la hauteur d'autres membres.

C'est ainsi que se forment les modules *auxiliaires*; ils sont
parfois très dissemblables, mais il n'en est pas moins vrai qu'ils
procèdent toujours du module principal, qu'ils ont en lui leur
origine et leur point de départ.

Il faut en convenir, cette méthode est autrement judicieuse
que celle des modernes. On est loin de la liste remplie de chiffres,

compliquée, interminable, et ne disant rien à l'esprit, que l'on trouve dans tous les *Vignoles*.

La comparaison qu'il faut établir entre les membres d'un édifice pour créer les différentes unités de mesure qui conviennent à chacun d'eux, tout en plaçant ces unités sous la dépendance du module général, offre cet avantage de tenir toujours en éveil les facultés d'invention et d'observation. Un système de ce genre n'a pu naître et s'implanter que chez un peuple parfaitement doué pour les choses de l'art. Aussi Vitruve n'hésite-t-il pas à en faire honneur aux Hellènes [1].

Les modules des édifices autres que les temples. — Nous avons vu que le système modulaire comporte deux échelles : l'une des proportions et l'autre des dimensions. On peut prévoir que la première de ces échelles devait être modifiée par la seconde, à un moindre degré dans les édifices civils que dans les temples.

Le temple, en effet, est l'habitation du dieu. Or, le dieu, en tant que nous lui prêtons une forme définie, a les proportions et les symétries de l'homme, mais rien n'oblige à lui en assigner les dimensions.

A raison de leur état de médiocrité ou d'opulence, les villes faisaient sculpter des dieux de taille humaine ou de stature plus ou moins colossale. Dans le dernier cas surtout, il fallait bien donner au temple des dimensions en rapport avec celles de l'image.

L'image du dieu n'ayant pas de dimension absolue, les temples ne pouvaient pas en avoir davantage. D'un édifice à l'autre, les grandeurs varient en effet dans une mesure telle que, dans le

---

1. « Hae civitates cum Caras et Lelegas ejecissent, eam terrae regionem a duce suo Ione appellaverunt Ionaim ibique Deorum immortialium templa constituentes coeperunt fana aedificare, et primum Apollini Panionio aedem uti viderant in Achaia constituerunt et eam Doricam appellaverunt, quod in Doricon civitatibus primum factam eo genere viderant. In ea aede cum voluissent columnas conlocare, non habentes symmetrias earum et quaerentes quibus rationibus efficere possent uti et ad onus ferendum essent idoneae et in aspectu probatam haberent venustatem, dimensi sunt virilis pedis vestigium et id retulerunt in altitudinem. Cum invenissent pedem sextam partem esse altitudinis in homine, idem id columnam transtulerunt et qua crassitudine fecerunt basim scapi, tantas sex cum capitulo in altitudinem extulerunt. Ita dorica columna virilis corporis proportionem et firmitatem et venustatem in aedificiis praestare coepit. » (IV, 1, 5, 6.)

temple d'Égine, par exemple, les cannelures des colonnes n'ont pas 20 centimètres, tandis que, dans le grand temple d'Agrigente, elles sont si larges et si profondes, qu'un homme peut se dissimuler aisément dans leur concavité.

Ces réflexions expliquent pourquoi la grandeur des temples n'était pas déterminée par l'échelle humaine, pourquoi en un mot, les dimensions de ces édifices étaient si différentes, comment enfin des raisons tirées des seules nécessités de l'effet, amenaient l'architecte à amplifier ou à diminuer parfois les proportions secondaires, suivant l'importance plus ou moins considérable des dimensions. Mais il n'en est pas de même des édifices non consacrés.

Considérons un monument destiné à contenir des milliers d'hommes, un théâtre, par exemple. Quelques-unes des proportions y seront déjà rigoureusement commandées par l'échelle humaine. La hauteur de la scène, entre autres, ne pourra dépasser la limite au delà de laquelle les acteurs seraient invisibles pour les spectateurs de l'orchestre [1].

Les proportions des édifices de ce genre dépendront donc des dimensions, plus que de celles des temples.

L'échelle métrique et l'échelle modulaire seront bien près de se confondre dans l'habitation, où tout doit être à la mesure de l'homme.

Vitruve règle de la manière suivante les proportions des édifices civils :

Dans le théâtre, la dimension sur laquelle on prend le module, c'est le diamètre de l'orchestre. La scène aura deux fois la longueur de ce diamètre. Les colonnes de la scène seront d'une hauteur égale à la quatrième partie de ce même diamètre, et l'entablement qui les surmonte aura la cinquième partie de la hauteur des colonnes. Les colonnes de l'ordre supérieur seront d'un quart moins hautes que les colonnes d'en bas [2].

---

1. « A Rome, l'orchestre était réservé aux sénateurs : « In orchestra autem senatorum sunt sedibus loca designata. » (V, vi, 2.)

2. « Scaenae longitudo ad orchestrae diametron duplex fieri debet... Supra

On voit qu'ici, comme dans les temples, les proportions se rapportent les unes aux autres.

Quant aux dimensions, elles fixent rigoureusement la hauteur de la scène, celle des gradins, des *pluteum*, des appuis, des passages et des escaliers, toutes choses, dit Vitruve, qui doivent, avoir la même grandeur, dans les petits comme dans les grands théâtres [1].

Pour le forum, l'on en divise la longueur en trois parties, dont deux sont données à la largeur. Autour du forum, sous des portiques, sont les boutiques des changeurs et, au premier étage, des galeries destinées à faciliter le trafic et la perception des droits du fisc. Les colonnes de l'étage supérieur sont d'un quart moins hautes que celles des portiques de l'étage inférieur [2].

La basilique a des colonnes d'une hauteur égale à la largeur des portiques et cette dernière dimension est la troisième partie de l'espace du milieu [3].

Vitruve décrit une basilique, qui avait été élevée sur ses dessins, à Fano, et il en fait connaître sommairement les proportions et les symétries. Par sa courte description, on peut conjecturer que les dispositions de cet édifice étaient raisonnées, mais quelque peu étranges et, circonstance remarquable, dans cette monographie les proportions et les symétries ne sont pas exprimées en modules; elles le sont en pieds.

Cet édifice se composait de trois nefs. Celle du milieu avait 120 pieds de longueur et 60 de largeur; les portiques qui entou-

podium columnae cum capitulis et spiris altae quarta parte ejusdem diametri, epistylia et ornamenta earum columnarum altitudinis quinta parte... Supra id pluteum columnae quarta parte minore altitudine sint quam inferiores. ». (V, vi, 6.)

1. « ...et ejus pulpiti altitudo sit ne plus pedum quinque, uti qui in orchestra sederint, spectare possint omnium agentium gestus. » (V, vi, 2). Nous avons donné dans un chapitre précédent le texte relatif aux dimensions de certaines parties du théâtre.

2. « Latitudo autem ita finiatur uti longitudo in tres partes cum divisa fuerit, ex his duae partes ei dentur. » (V, i, 2).

3. « Columnae basilicarum tam altae quam porticus latae fuerint faciendae videntur, porticus, quam medium spatium futurum est, ex tertia finiatur. » (V. i, 6, 8.)

raient la nef, 20 pieds, entre le mur et les colonnes. Les colonnes avaient 5 pieds de diamètre et 50 pieds de hauteur. Derrière ces colonnes étaient des pilastres hauts de 20 pieds, larges de 2 1/2 et épais d'un demi. Puis, un second ordre de pilastres, sur les premiers, de 18 pieds de hauteur, de 2 de largeur et de 1 d'épaisseur. L'hémicycle avait 46 pieds de front sur 15 de profondeur. La hauteur des petits piliers placés sous les poutres était de 3 pieds [1].

Toutes ces mesures sont simples et d'un emploi facile.

Les prescriptions relatives à la curie sont tout à fait sommaires. Si elle est construite sur plan carré, la hauteur qu'on devra lui donner sera égale à la longueur d'un côté, plus la moitié de cette longueur. L'a-t-on tracée sur un plan oblong, elle aura en hauteur une dimension égale à la longueur de l'édifice ajoutée à sa largeur et augmentée de la moitié de cette dimension. Dans l'intérieur de l'édifice les murailles, à moitié de la hauteur de la colonne, seront entourées d'une corniche en stuc ou en bois [2].

Dans les bains, la largeur aura un tiers de moins que la longueur, la galerie qui entoure les bains, non comprise. Le passage entre le mur et le *pluteum* sera d'au moins 6 pieds de largeur, sur lesquels 2 pieds seront donnés au *pulvinus* et au degré

1. « ... cujus proportiones et symmetriae sic sunt constitutae. Mediana testudo inter columnas est longa pedes CXX, lata pedes LX. Porticus ejus circa testudinem inter parietes et columnas lata pedes XX. Columnae altitudinibus perpetuis cum capitulis pedum L, crassitudinibus quinum, habentes post se parastaticas altas pedes XX, latas pedes IIS, crassas IS, quae sustinent trabes in quibus invehuntur porticuum contignationes. Supraque eas aliae parastaticae pedum XVIII, latae binos, crassae pedem, quae excipiunt item trabes sustinentes cantherium et porticuum, quae sunt summissa infra testudinem, tecta. — Item tribunal quod est in ea aede, hemicyclii schematis minoris curvatura est formatum. Ejus autem hemicyclii in fronte est intervallum pedum XV. » (V, ı, 6, 8.)

2. « Maxime quidem curia in primis est facienda ad dignitatem municipii sive civitatis. Et si quadrata erit, quantum habuerit latitudinis dimidia addita contituatur altitudo, sin autem oblonga fuerit, longitudo et latitudo componatur et summa composita, ejus dimidia pars sub lacunariis altitudini detur. Praetereai praecingendi sunt parietes medii coronis ex intestino opere aut albario ad dimidiam partem altitudinis. » (V, ıı, 2.)

inférieur. La hauteur du *laconicum* sera égale à sa largeur jusqu'à la naissance des voûtes [1].

Passons maintenant aux habitations : les prescriptions dont elles sont l'objet deviennent beaucoup plus précises. Tous ceux qui connaissent la disposition de la maison romaine ne seront pas surpris de voir Vitruve déterminer d'abord les proportions du *cavædium*, ou cour intérieure de cette maison.

Les proportions du *cavædium* sont de trois genres différents.

Dans le premier, il faut diviser la longueur en cinq parties et en donner trois à la largeur. La longueur dans le second, sera de trois parties et la largeur de deux. Dans le troisième genre, on établit un carré sur la longueur et la diagonale de ce carré donne la longueur de l'*atrium* [2].

Après ces données générales viennent celles qui sont relatives aux parties couvertes de l'*atrium*. La hauteur, au-dessous des poutres, sera égale à la longueur, moins une quatrième partie. Si la partie découverte de l'*atrium* est longue de 30 à 40 pieds, la hauteur des galeries qui entourent cette partie, de chaque côté, sera du tiers de la longueur.

Quand elle est d'une longueur de 40 à 50 pieds, ou de 50 à 60, ou de 60 à 80 pieds, on divise cette longueur en trois, quatre ou quatre parties et demie. Une de ces parties détermine la largeur des galeries.

La longueur des péristyles doit avoir, en travers, un tiers de

---

1. « Sint ita compositae. Quanta longitudo fuerit, tertia dempta, latitudo sit praeter scholam labri et alvei. Labrum utique sub lumine faciundum videtur, ne stantes circum suis umbris obscurent lucem. Scholas autem labrorum ita fieri oportet spatiosas uti cum priores occupaverint loca, circumspectantes reliqui recte stare possint. Alvei autem latitudo inter parietem et pluteum ne minus sit pedes senos, ut gradus inferior inde auferat et pulvinus duos pedes. Laconicum sudationesque sunt conjungendae tepidario, eaeque quam latae fuerint, tantam altitudinem habeant ad imam curvaturam hemisphaerii. » (V, x, 4, 5).

2. « Et primum genus distribuitur uti longitudo cum in quinque partes divisa fuerit, tres partes latitudini dentur, alterum cum in tres partes dividatur, duae partes latitudini tribuantur, tertium uti latitudo in quadrato paribus lateribus describatur inque eo quadrato diagonios linea ducatur, et quantum spatium habuerit ea linea diagonios, tanta longitudo atrio detur. » (VI, iii, 4.)

plus qu'en profondeur ; la hauteur des colonnes sera égale à la largeur du portique.

Les vides qui séparent les colonnes n'auront pas moins de 3 diamètres, ni plus de 4. Les entre-colonnements pycnostyles, systyles et eustyles sont donc exclus des habitations [1].

Le *tablinum* aura les deux tiers de la cour, si elle est de 20 pieds, la moitié si elle est de 30 à 40, et, si elle est de 40 à 60, on la divisera en cinq parties dont deux seront données au *tablinum* [2].

Le *triclinium* sera deux fois aussi long que large. La hauteur de toutes les salles de surface non carrée sera égale à la moitié de la longueur et de la largeur réunies.

Si les exèdres sont carrés, leur largeur, plus la moitié de cette dimension en détermineront la hauteur.

Il nous paraît inutile de continuer cette analyse. L'étude des monuments montre l'échelle humaine s'accusant toujours, à des degrés divers, dans les édifices autres que les temples. Représentons-nous deux théâtres élevés l'un, sur la plus petite, et l'autre, sur la plus grande surface que puisse occuper un édifice de ce genre. Les diamètres des colonnes, dans les deux théâtres, ne dépasseront pas une certaine dimension ; en aucun cas ces

---

1. « Altitudo eorum quanta latitudo fuerit quarta dempta sub trabes extollatur, reliquo lacunariorum et areae supra trabes ratio habeatur. — Alis dextra ac sinistra latitudo, cum sit atrii longitudo ab XXX pedibus ad pedes XL, ex tertia parte ejus constituatur. Ab XL ad pedes L longitudo dividatur in partes tres semis, ex his una pars alis detur. Cum autem erit longitudo ab quinquaginta pedibus ad sexaginta, quarta pars longitudinis alis tribuatur. A pedibus LX ad LXXX longitudo dividatur in partes quattuor et dimidiam, ex his una pars fiat alarum latitudo. — Peristylia autem in transverso tertia parte longiora sint quam introrsus, columnae tam altae quam porticus latae fuerint. Peristyliorum intercolumnia ne minus trium, ne plus quattuor columnarum crassitudine inter se distent. » (VI, III, 4, 5, 7.)

2. « Tablino, si latitudo atrii erit pedum viginti, dempta tertia ejus spatio, reliquum tribuatur. Si erit ad pedibus XXX ad XL, ex atrii latitudine tablino dimidium tribuatur. Cum autem ab XL ad LX, latitudo dividatur in partes quinque, ex his duae tablino constituantur. » (VI, IV, 5.) — « Tricliniorum quanta latitudo fuerit, bis tanta longitudo fieri debebit. Altitudines omnium conclaviorum, quae oblonga fuerint, sic habere debent rationem uti longitudinis et latitudinis mensura componatur et ex ea summa dimidium sumatur et quantum fuerit tantum altitudini detur. Sin autem exedrae aut oeci quadrati fuerint, latitudinis dimidia addita altitudines educantur. » (VI, IV, 8.)

colonnes n'offriront le contraste si marqué que nous avons observé entre celles du temple d'Égine et celles du grand temple d'Agrigente.

En définitive, les proportions dans l'architecture civile dépendent avant tout du rôle que l'homme doit jouer dans les édifices ; établies à la suite d'une expérience lentement acquise, elles sont toujours plus ou moins subordonnées aux nécessités de destination qui varient à l'infini.

Aussi, Vitruve se borne-t-il d'ordinaire à indiquer seulement les proportions et les symétries générales de cette architecture et à prescrire pour les ordres que l'on y emploie des proportions différentes de celles que ces ordres ont dans les temples. Mais ce qu'il spécifie clairement, c'est que le système modulaire ne devait jamais être appliqué comme une formule.

« Il faut suppléer avec méthode aux symétries des membres, dit-il dans le chapitre consacré à l'ordre ionique, lorsqu'ils sont peu élevés, ou d'une grandeur trop considérable. ... Car l'œil recherche le beau et si l'on ne parvient pas à le flatter par la justesse des proportions et l'augmentation des modules, si par là on ne remédie pas à l'erreur dans laquelle jette l'éloignement des objets, un ouvrage paraîtra toujours disproportionné et sera désagréable à la vue [1]. »

Et dans le vii° chapitre du livre V : « Il ne faut pas croire que les mêmes symétries puissent convenir à tous les théâtres et produire les mêmes effets. C'est à l'architecte d'examiner dans quelles proportions il doit suivre les symétries, ou les modifier suivant la nature des lieux et la grandeur de l'œuvre.... On peut encore, lorsqu'on n'a point de pièces de marbre ou de charpente, ou de toute autre matière, de grandeur convenable, retrancher

---

1. « Quare semper adjiciendum est rationis supplementum in symmetriarum membris, ut cum fuerint aut altioribus locis opera aut etiam ipsa collossicotera, habeant magnitudinum rationem. » (III, v, 9.) « ... Venustatem enim persequitur visus, cujus si non blandimur voluptati proportione et modulorum adjectionibus, uti quod fallit temperatione adaugeatur, vastus et invenustus conspicientibus remittetur aspectus. » (III, iii, 13).

un peu de l'ouvrage ou y ajouter, pourvu qu'on le fasse sans trop de maladresse, avec intelligence[1]. »

Au sujet des habitations, il dit : « Les petits *atrium* et les grands ne peuvent avoir les mêmes symétries, car si les symétries des petits sont suivies pour les grands, les *tablinum*, aussi bien que les galeries, ne pourront être d'aucune utilité, et si, au contraire on se sert des symétries des grands *atrium* pour les petits, ces parties seront trop vastes. Voilà pourquoi, en général, il faut, pour déterminer les proportions qu'ils doivent avoir, tenir compte de l'usage auquel on les destine et de l'effet qu'elles produiront à la vue[2]. »

Puis, parlant encore des habitations, il ajoute : «... Les symétries bien établies et toutes les mesures parfaitement prises, ce sera faire preuve de talent que de savoir, selon que la nature du lieu, l'usage et la beauté le demandent, retrancher ou ajouter pour faire des amendements, sans que les corrections paraissent faire perdre à la symétrie rien de sa régularité, rien de ce qui plaît à la vue. ... Il faudra donc, en premier lieu, établir un système de symétries dans lequel on introduira, sans hésiter, toutes les modifications nécessaires[3]. »

Et enfin, décrivant les salles corinthiennes et égyptiennes :

1. « Nec tamen in omnibus theatris symmetriae ad omnes rationes et effectus possunt respondere, sed oportet architectum animadvertere quibus proportionibus necesse sit sequi symmetriam et quibus ad loci naturam aut magnitudinem operis temperari.... non minus si qua exiguitas copiarum, id est marmoris, materiae reliquarumque rerum quae parantur, in opere defuerit, paulum demere aut adjicere, dum id ne nimium improbe fiat sed cum sensu, non erit alienum. Hoc autem erit si architectus erit usu peritus, praeterea ingenio mobili sollertiaque non fuerit viduatus. » (V, vi, 7.)

2. « Non enim atria minora ab majoribus easdem possunt habere symmetriarum rationes. Si enim majorum symmetriis utemur in minoribus, neque tablina neque alae utilitatem poterunt habere, sin autem minorum in majoribus utemur, vasta et inmania in his ea erunt membra. Itaque generatim magnitudinum rationes exquisitas et utilitati et aspectui conscribendas putavi. » (VI, iii, 6.)

3. « ...Cum ergo constituta symmetriarum ratio fuerit et commensus ratiocinationibus explicati, tum etiam acuminis est proprium providere ad naturam loci aut usum aut speciem et detractionibus aut adjectionibus temperaturas efficere cum de symmetria sit detractum aut adjectum, uti id videatur recte esse formatum in aspectuque nihil desideretur. » (VI, ii, 1.) «... Igitur statuenda est primum ratio symmetriarum a qua sumatur sine dubitatione commutatio. » (VI, ii, 5.)

« Pour ces sortes d'édifices on ne peut guère adopter de symétrie
que celle que comporte la nature du lieu..., car s'il y a obstacle
à cause du peu d'espace, ou de toute autre raison, il faut aug-
menter ou diminuer les symétries ordonnées, mais avec tant d'a-
dresse que ce que l'on fera paraisse n'avoir rien qui y soit contraire[1]. »

Pour la plupart, ces citations ont trait à l'architecture civile.
Vitruve n'avait pas à insister, en effet, sur les changements que
l'on pouvait apporter aux proportions des temples, les règles
qu'il donne prévoyant tous les cas dans lesquels les proportions
de ces édifices sont susceptibles d'être modifiées.

Après avoir reconnu que les proportions générales des temples
grecs se rapportent au système de Vitruve, nous avons exposé
les règles que prescrit cet auteur pour les proportions des différents membres d'architecture, mais sans rechercher si ces règles
sont confirmées ou non par l'étude des monuments. C'est l'un des
objets que nous aurons en vue, dans la seconde partie de ce mé-
moire.

II

LES MONUMENTS

Si, en leur donnant un même diamètre, et en suivant l'ordre
des temps, on forme une série de colonnes doriques et de colonnes
ioniques appartenant à des temples construits pendant la période
qui s'étend du VIe au Ier siècle avant notre ère, deux caractères
généraux ressortent de ce parallèle :

1° Les colonnes ont des hauteurs très dissemblables ;

2° Ces hauteurs suivent une progression ascendante, à partir

---

1. « In his aedificiorum generibus omnes sunt faciendae earum symmetriarum
rationes quae sine impeditione loci fieri poterunt... Sin autem impedientur ab
angustiis aut alis necessitatibus, tunc erit ut ingenio et acumine de symmetriis
detractiones aut adjectiones fiant, uti non dissimiles veris symmetriis perfician-
tur venustates. (V » I, III, 11.)

des édifices de l'époque la plus éloignée, jusqu'à ceux de l'époque la moins ancienne.

De plus, on ne retrouve dans aucune de ces colonnes les proportions prescrites par Vitruve. La dernière et la plus élevée de la série n'atteint pas cette proportion (pl. VI, fig. v), tandis que la première reste fort au-dessous des six modules qui constituaient, suivant cet architecte, la hauteur de la colonne dans les temples archaïques (pl. VI, fig. 1).

Les colonnes des figures I, II, III, IV et V, planche VI, sont celles des temples de Corinthe, des Géants à Agrigente, de Minerve à Athènes (Parthénon), de Sunium et de Némée.

Celles, d'ordre ionique, que représentent les figures VI, VII, VIII et IX, planche VI, appartiennent aux temples de la Victoire Aptère (Athènes), de Minerve Poliade et d'Érechthée (Athènes), de Priène et de Milet[1]. Les proportions de ces colonnes accusent les mêmes caractères généraux que nous venons d'observer dans les colonnes doriques.

Seulement, les proportions sont ici plus sveltes, en conséquence du canon typique ou moyen de l'ordre ionique. Aussi, la moindre proportion de hauteur (fig. VI, pl. VI), surpasse-t-elle la proportion la plus élevée de la colonne dorique (fig. V, pl. VI).

Dans les figures VI, VII, VIII et IX, pas plus que dans les précédentes, on ne retrouve les proportions canoniques indiquées par Vitruve (9 mod. et 8, pour les temples anciens); la colonne du temple de la Victoire Aptère (fig. VI), est au-dessous de ces proportions; elles sont dépassées dans la colonne du Didymeum (fig. IX).

Les différents exemples que nous venons de placer sous les yeux du lecteur mettent en lumière ce que nous nommerons *la loi de croissance des colonnes grecques.*

Une autre loi correspond à celle dont nous venons de constater l'existence, tout en formant avec elle un contraste singulier.

L'ensemble des membres d'architecture qui surmontent la co-

1. Ces différentes colonnes sont prises sur la façade des temples, mais non aux angles de ces édifices. La lettre B indique les diamètres égaux.

lonne, l'entablement, perd de sa hauteur en même temps que s'accroît l'élévation de la colonne, ou, en d'autres termes, à mesure que l'époque de la construction du temple se rapproche de notre ère.

C'est l'effet produit par *la loi de décroissance des entablements*.

Pour le vérifier, il suffit de mettre en regard les uns des autres un certain nombre d'entablements doriques, en les supposant sur des colonnes dessinées à des échelles différentes, mais de façon à ce que toutes ces colonnes aient une même hauteur.

Tels sont les entablements représentés planche VII, figure i, ii, iii, iv et v. Ils appartiennent aux temples D et C de Sélinonte, de Pestum, du Parthénon et de Némée.

En même temps que des différences considérables distinguent les proportions de hauteur dans les entablements, à ce point que la hauteur de la figure v, planche VII, est contenue plus de deux fois dans celle de la figure i, planche VII, d'autres différences, moins accusées mais parfaitement sensibles, modifient aussi les proportions des divers membres de ces entablements. La corniche, par exemple, est d'autant plus haute et ornée que l'entablement a des proportions plus élevées. La corniche du temple D de Sélinonte (fig. i) est contenue plus de quatre fois dans la hauteur de l'entablement et celle du temple de Némée (fig. v), environ cinq fois et demie.

Dans ces exemples, comme dans ceux qui précèdent, l'on chercherait vainement les quantités modulaires indiquées par Vitruve.

Il ne faut pas supposer que ces augmentations et ces diminutions continues de hauteur se soient accomplies avec une parfaite régularité. L'ordre chronologique n'a pas toujours été rigoureusement observé dans les changements progressifs que les proportions ont subis. Certaines colonnes élevées antérieurement à d'autres ont des hauteurs plus grandes que n'en ont celles-ci. — Il en est de même des entablements.

Mais ces particularités, assez rares, ne suffisent pas à altérer le caractère de généralité que présentent les lois de croissance et de décroissance.

Considérons, maintenant, les différentes combinaisons de grandeur auxquelles donne lieu l'alternance des pleins et des vides, quand les colonnes sont disposées sur une même ligne. Les rythmes nombreux que peut produire cette alternance suffisent à imprimer aux temples les caractères les plus divers.

Vitruve, on se le rappelle, fixe pour les vides, que l'on nomme des entre-colonnements, les mesures suivantes : les plus étroits, 1 module 1/2, et les plus larges, 4 modules, au moins[1]. Entre ces deux termes, les autres entre-colonnements varient de l'un à l'autre, d'un demi ou de trois quarts de module.

Ceci dit, constituons en série les entre-colonnements des temples doriques de Diane, de Syracuse (pl. VIII, fig. I), R de Sélinonte (fig. II), de Neptune à Pestum (fig. III), du Parthénon (fig. IV), de Cérès à Éleusis (fig. V) et de Némésis, dans l'Attique (fig. VI)[2]. Voici ce que nous constaterons : les entre-colonnements s'élargissent à partir de la figure I.

Dans les premiers exemples, les vides n'atteignent pas la proportion d'un diamètre et demi ; cette porportion est loin même d'être celle de la figure I, où les pleins l'emportent sur les vides ; elle est dépassée dans la figure VI, sans que le vide s'étende jusqu'à la largeur de deux modules.

Il est aisé de reconnaître que, dans ces exemples, la largeur des vides qui existent entre les colonnes[3] n'est pas en rapport simple avec le diamètre de celles-ci.

Ces vides s'élargissent bien d'une façon continue, mais c'est en suivant une progression dans laquelle n'entre aucun des nombres canoniques de Vitruve.

L'espace qui existe, dans une ordonnance, entre les chapiteaux des colonnes, est le lieu où les vides s'accusent avec le plus de fermeté. L'abaque quadrangulaire avec lequel ils alternent con-

---

1. Le module étant égal au diamètre de la colonne.
2. Tous les entre-colonnements de la planche VIII sont intermédiaires, c'est-à-dire qu'ils sont compris entre ceux des angles et du milieu de la façade des temples.
3. Nous mesurons cette largeur sur le plan de base des colonnes.

tribue à cet effet, en formant une dentelure dont le rythme frappe nettement la vue. Ce rythme rend très sensibles les différences qui caractérisent les exemples représentés dans les figures VII, VIII, IX, X, XI et XII, planche VIII.

Dans le temple de Syracuse (fig. VII), la largeur du vide est à celle de l'abaque, à peu près dans la proportion de 1 à 5 1/2. Ce rapport s'accroît, successivement, dans les temples R de Sélinonte (fig. VIII), et de Pestum (fig. IX). Il y a égalité entre le vide et l'abaque, dans le temple de Jupiter à Olympie (fig. X). Le vide est plus large que l'abaque dans le temple de Thésée (fig. XI), que l'on suppose plus ancien que le temple d'Olympie. Enfin, la largeur du vide est dépassée de moitié par celle de l'abaque, dans le temple de Némésis, à Rhamnus (fig. XII).

Il serait facile d'intercaler entre les différents termes de cette série, comme entre les termes de celles qui précèdent, un grand nombre de proportions intermédiaires. Les ruines des temples grecs les fourniraient en grand nombre. Ainsi, le mode général des proportions restant immuable, les symétries de chaque ordre d'architecture diffèrent d'époque à époque, d'édifice à édifice, d'architecte à architecte; elles ne sont jamais les mêmes, en conséquence des lois complexes que nous venons d'exposer.

Ce serait donc poursuivre une chimère que de vouloir découvrir, sur les anciens temples de la Grèce, l'application de certaines règles que Vitruve a données pour les temples de son temps et de son pays. Les canons spéciaux indiqués par cet auteur n'ont dû être employés, à Rome même, que pendant un temps très court. C'est à peine si l'on constate leur influence sur deux ou trois édifices de cette ville.

L'échelle des hauteurs, nous l'avons vu, modifie diverses parties de l'ordre; elle a de plus pour effet de créer des symétries nouvelles en amplifiant les formes suivant les dimensions.

Représentons, à une même échelle, quelques entablements ioniques dont les dimensions de hauteur soient aussi différentes que possible, de manière par exemple à ce que la hauteur de la première figure soit contenue plus de trois fois dans la dernière.

(Planche VII, les figures vi, vii, viii, ix et x, représentent les entablements des temples de l'Illissus, de Minerve Poliade, et de la Victoire Aptère, à Athènes, et ceux des temples de Priène et de la Concorde à Rome[1].)

Nous remarquerons immédiatement que dans les trois premières figures, le rapport de la hauteur de la corniche à la hauteur totale de l'entablement est 1 : 7 (fig. vi), 1 : 6 (fig. vii), 1 : 5 (fig. viii). Mais à mesure que la hauteur de l'entablement s'accroît, celle de la corniche augmente dans les rapports suivants, 1 : 3 (fig. ix), et 1 : 2 1/3 (fig. x), doucine terminale non comprise.

Si l'on tient compte de cette moulure, la hauteur de la corniche, dans le dernier exemple (entablement du temple de la Concorde, à Rome), est bien près d'égaler à elle seule la hauteur de la frise et de l'architrave ensemble, c'est-à-dire qu'elle comprend la moitié de tout l'entablement, ou peu s'en faut.

Cette progression n'a pas été sans entraîner d'autres changements; en augmentant de hauteur, les corniches se sont embellies de moulures, en nombre proportionné à leur élévation. La simplicité et la sécheresse, qui caractérisent la corniche du temple de la Victoire Aptère, contrastent au plus haut degré avec la richesse et l'ampleur de la corniche du temple de la Concorde, édifice d'ordre corinthien, il est vrai; mais on sait que Vitruve ne fait aucune distinction entre l'entablement de cet ordre et celui de l'ordre ionique[2].

Les modifications successives et continues que nous venons de décrire étant données, serait-il possible de restituer mathématiquement un temple, d'après les fragments de quelques membres de son architecture? Nous ne le croyons pas.

Pour tenter, avec quelque chance de succès, une opération de ce genre, il faudrait tout d'abord reconstituer le module principal,

----

1. Par exception, l'exemple qui termine cette série est emprunté de l'architecture romaine ; il donne à notre démonstration un caractère plus général.

2. « Columnae corinthiae praeter capitula, omnes symmetrias habent uti ionicae... cetera membra quae supra columnas imponuntur aut e doricis symmetriis aut ionicis moribus in corinthiis columnis conlocantur, etc. » (IV, 1, 1.)

les modules correctifs, les modules auxiliaires et, enfin l'échelle des dimensions de ce temple.

Ces conditions difficiles, une fois remplies, comment s'y prendrait-on pour reconnaître avec certitude le nombre, la forme et le caractère des membres d'architecture, si les proportions du temple étaient amplifiées, en conséquence des dimensions? comment rétablir des rythmes qui varient comme ceux des triglyphes et des métopes que représentent les figures L, M, P?

Le triglyphe de la frise du temple C de Sélinonte (fig. L) est aussi large que la métope; celle-ci est plus large que le triglyphe, dans le temple R de la même ville (fig. M).

Dans ces deux exemples, l'un des moindres côtés de la métope rectangulaire repose sur l'architrave. C'est, au contraire, le plus grand côté de la métope qui repose sur l'architrave, dans la frise du Parthénon, et la largeur de cette métope dépasse beaucoup celle du triglyphe (fig. P).

L'unique moyen de restituer un temple, lorsqu'il n'en reste qu'un petit nombre de fragments, c'est de déterminer, d'après le caractère des symétries, l'époque probable de sa construction, et de le rétablir au moyen des analogies que fournissent

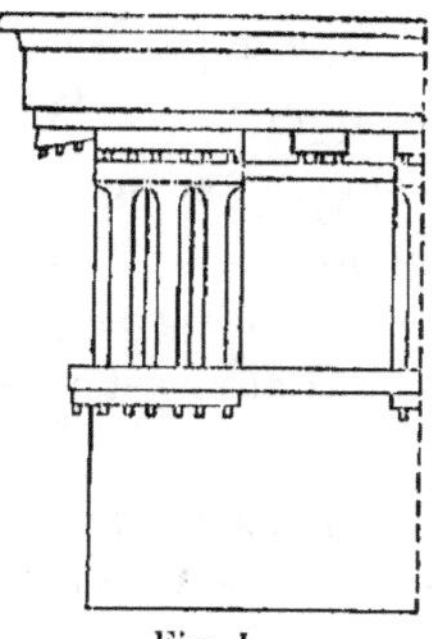

Fig. L.

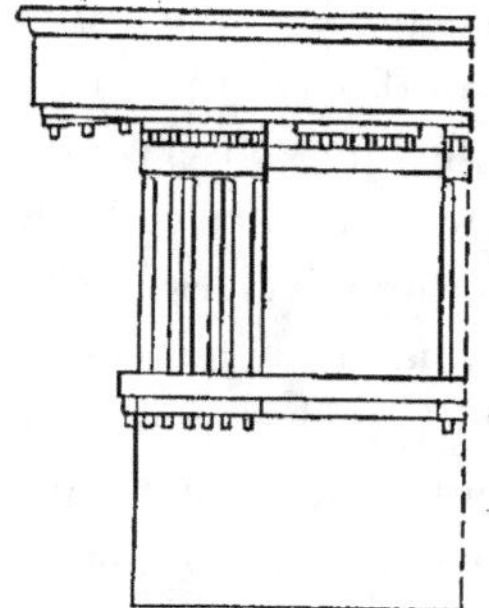

Fig. M.

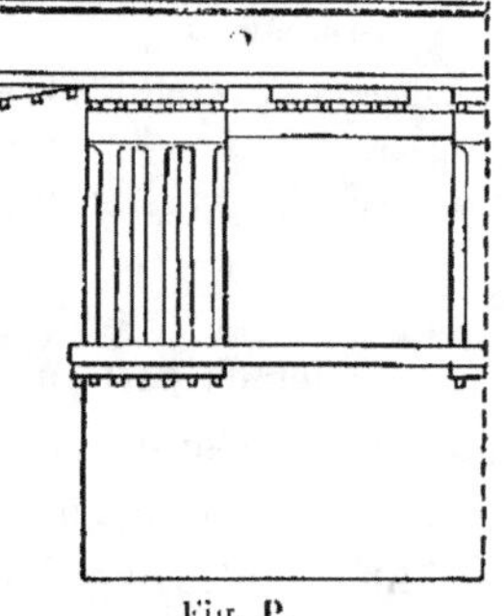

Fig. P.

les temples bien conservés de cette même époque. Quoi que l'on fasse, cette méthode est toujours plus ou moins hypothétique.

On a présenté une théorie d'après laquelle les symétries des édifices grecs doivent se rapporter les unes aux autres en nombres simples et dépendre d'un seul module. Mais l'on n'a justifié cette manière de voir qu'à la condition de choisir, à volonté, des dimensions moyennes entre les cotes, si souvent contradictoires, des différents relevés de ces édifices. C'est généralement par cette méthode inexacte que l'on a tenté d'assujettir les proportions grecques aux systèmes les plus divers et parfois les moins bien fondés.

Ceci nous conduit à parler d'une théorie beaucoup plus judicieuse. Selon M. Aurès, toutes les proportions des temples s'expriment en nombres simples, mais ces nombres sont pris sur l'échelle des dimensions, c'est-à-dire l'étalon métrique, en usage suivant les lieux et les temps [1].

Quelques observations faites sur les monuments antiques semblent confirmer cette théorie.

Dans diverses inscriptions de l'Érechthéion, relatives aux travaux de ce temple, inscriptions qui ont été avec tant d'autres, si bien traduites et commentées par M. A. Choisy, on trouve de nombreuses dimensions d'assises ; toutes sont exprimées en pieds et palmes, et en nombres simples [2].

Exemple :

PIERRE D'ANGLE	ARCHITRAVE NON POSÉE		CORNICHE
Longueur . . . . 3 pieds.	Longueur. 8 pieds.		Long. . 4 pieds.
Largeur. . . . . . 3 —	Largeur. . 2 —	1 palme.	Larg. . 3 pieds.
Épaisseur. 3/2	Épaisseur. 2 — —		Épais. 5 palmes,

etc., etc.

Les mêmes particularités se rencontrent en bien plus grand nombre dans le devis de l'arsenal du Pirée. M. Choisy, dans le texte qui accompagne sa remarquable restitution de cet édifice, établit en outre que l'architecte Philon avait satisfait à la double

<hr>

1. *Étude des dimensions du grand temple de Pæstum*. Nimes-Paris, 1868.
2. *Études sur l'architecture grecque*. *L'Érechthéion*. Paris, 1884.

condition d'élever son arsenal « avec des cotes entières et des rapports simples ».

Cette démonstration de M. Choisy, nous la tenons pour incontestable ; elle est conforme de tous points à la pratique de Vitruve qui, dans un édifice civil, la basilique de Fano, emploie lui aussi les mesures usuelles, les rapports simples et les cotes entières.

Il est donc hors de doute qu'en Grèce, les dimensions de tous les éléments de la construction, dans les temples comme dans les autres édifices, étaient exprimées en nombres simples, et qu'elles étaient obtenues au moyen de mesures telles que le palme et le pied.

On se l'explique d'autant mieux que, de nos jours même, les constructeurs donnent, le plus souvent, des cotes entières aux matériaux qu'ils mettent en œuvre.

Mais, s'il est prouvé que, dans les temples, les matériaux étaient sous la dépendance de l'échelle des dimensions, il est non moins certain que les symétries de ces édifices procédaient de l'échelle modulaire.

Faut-il admettre que ces deux échelles étaient en relation déterminée, en rapport exact, l'une avec l'autre?

Bien qu'en principe, on se le rappelle, le module soit indépendant de toute autre mesure, des motifs plausibles portent à croire qu'en fait il n'en a pas toujours été ainsi.

La dimension générale dont le module est une partie était déterminée en nombre exact de pieds[1]. Dans ces conditions, l'opportunité d'établir un rapport simple entre le pied ou le palme et le module devait se présenter à l'esprit de l'architecte : ce rapport était de nature à simplifier l'exécution de l'œuvre.

Les vérifications que l'on a faites à ce sujet laissent entrevoir, en effet, une relation à peu près définie entre le module de certains temples et les mesures usuelles.

Nous disons, à peu près définie, car, il faut bien le reconnaître, ces sortes de recherches n'ont pas donné des résultats toujours

---

1. Il en a été ainsi dans certains édifices, tout au moins.

concluants. D'abord le pied varie de longueur suivant les édifices. Si, ensuite, les proportions des divers membres d'architecture se rapportent en nombres simples à cette mesure, c'est le plus souvent à un degré approximatif, rarement avec une exactitude rigoureuse.

Même en admettant la dimension du pied comme certaine, ces différences entre les résultats que l'on a obtenus et ceux que l'on aurait dû obtenir, n'ont pas de quoi surprendre, si l'on se reporte à ce qui a été dit des changements que les modules correctifs apportent aux proportions typiques.

Sans nous attarder aux controverses dont le module a été l'objet, nous ne pouvons nous dispenser, cependant, d'en dire quelques mots. Pour Vitruve, comme pour nous, le principe fondamental de cette mesure, c'est la division en parties égales de la largeur d'un édifice ou de la hauteur d'une colonne.

Mais cet auteur veut aussi que le module égale le diamètre de la colonne.

Les modernes se sont attachés uniquement à cette dernière règle, la considérant, bien à tort, comme la base même du système des proportions grecques. Ils semblent n'avoir pas compris que la parité théorique du diamètre de la colonne avec le module n'est nullement obligatoire, et que celui-ci pourrait se rapporter aussi bien à la largeur de tout autre membre d'architecture.

Nous ne nous préoccuperons donc que médiocrement de savoir si le module correspondait au diamètre inférieur, moyen ou supérieur de la colonne. Cette question est d'un ordre tout spécial.

Dans son V° livre, Vitruve paraît désigner le diamètre inférieur [1], et nous nous sommes conformé à cette prescription dans nos exemples.

S'appuyant sur des raisonnements très ingénieux, M. Aurès affirme l'équivalence du diamètre moyen et du module [2]. Il est

1. « Et in imo columnae crassitudo fiat duorum modulorum. » (V, ix, 3).
2. *Nouvelle théorie du module.* Nimes, 1862.

possible qu'il en ait été ainsi dans quelques édifices, comme des diamètres inférieur et supérieur, dans d'autres ; ces sortes de concordance ayant dû varier suivant les époques et les architectes.

Il convient de dire aussi un mot de certaines théories qui ont également trait aux proportions architectoniques.

L.-B. Alberti[1], D. Barbaro[2], J.-F. Blondel[3], Briseux[4], et bien d'autres après eux, ont soutenu que les édifices des Grecs et des Romains avaient été élevés sur des proportions harmoniques.

L'idée d'établir un parallèle entre la musique et l'architecture est séduisante. Juste, quand la comparaison ne dépasse pas certaines limites, cette idée devient fausse dès qu'elle tend à persuader que les proportions des sons et celles des formes ont des lois identiques. Cette théorie a conduit d'ailleurs à des résultats surprenants, on a découvert dans les trois principales dimensions du Parthénon « le grand accord composé de l'unisson (la hauteur); de la double tierce (la largeur) et de la double quinte (la longueur) », et ainsi de suite pour toutes les autres proportions de ce temple[5].

Il n'est guère probable que Vitruve ait rencontré des théories de ce genre dans les écrits des architectes grecs, car il n'établit pas le moindre parallèle entre les proportions musicales et les proportions architectoniques, et cependant il consacre deux chapitres de son V° livre à définir la « musique harmonique », et à montrer que l'architecte doit en étudier les principes, s'il veut satisfaire aux conditions acoustiques que réclame la bonne construction d'un théâtre.

Par la même raison, nous ne nous arrêterons pas aux procédés qu'employaient, dit-on, les anciens pour obtenir la formule

---

1. *De re aedificatoria*, XI, v. Florence, 1485.
2. *I Dieci libri dell' architettura di M. Vitruvio*, pp. 69-108. Venise, 1567.
3. *Cours d'architecture*, t. III, pp. 727-87. Paris, 1863.
4. *Traité du Beau essentiel dans les arts, suivi d'un traité des proportions harmoniques*, 1752.
5. E. Henszlmann, *Théorie des proportions appliquées dans l'architecture*, p. 119. Paris, 1860.

graphique des proportions de leurs temples. Vitruve, qui fait volontiers étalage de géométrie, n'emploie ce genre de formules que pour déterminer la proportion d'un *cavædium*, au moyen du carré et de sa diagonale.

Il ne nous reste qu'à résumer à grands traits ce que nous avons dit jusqu'ici.

Le système des proportions architectoniques de Vitruve comprend :

1° Un module principal ;

2° Des modules correctifs, modifiant les proportions typiques, suivant les dimensions.

3° Des modules auxiliaires, servant à déterminer les symétries des différents membres d'architecture ;

L'emploi du module principal détermine des résultats généraux qui sont très dissemblables. En considérant certains genres d'édifices, on reconnaît, par exemple, que les hauteurs sont proportionnelles aux largeurs dans les uns, et qu'elles ne le sont pas dans les autres ; que des temples d'une certaine largeur et ayant un certain nombre de colonnes peuvent offrir une élévation supérieure à celle d'autres temples, d'une largeur plus considérable, et où les colonnes sont en plus grand nombre.

Ces remarques nous ont permis de constater que les proportions des temples grecs avaient été établies au moyen du système modulaire.

Passant ensuite à un autre ordre de recherches, nous avons reconnu l'existence et vérifié sur les monuments les effets des lois de croissance des colonnes et de décroissance des entablements.

Nous avons observé de plus :

La diversité remarquable des rythmes produits par l'alternance des pleins et des vides de l'édifice, et la tendance de ceux-ci à prendre une importance de plus en plus grande, à mesure que les édifices appartiennent à une époque plus rapprochée de notre ère.

Et enfin, les changements successifs apportés aux proportions des membres d'architecture, lesquels se manifestent aussi d'après

certaines lois, comme celle, par exemple, qui concerne la hauteur croissante des corniches dans les entablements, ou celles
encore qui, pendant un certain temps, ont déterminé dans les
frises doriques différents rapports de largeur entre les métopes
et les triglyphes.

L'étude des monuments nous a montré ainsi que, des premiers
temps de l'art grec à sa décadence, les combinaisons de nombres
du système modulaire ont été soumises à de continuelles varia-
tions, sans que le caractère fondamental des types d'architecture
ait varié lui-même.

Est-il besoin de rappeler que l'on ne retrouve pas dans l'architecture grecque les symétries de Vitruve? Nous le répétons, la
recherche de ces symétries sur les édifices antiques serait aujour-
d'hui une entreprise aventureuse et confinant même à l'impos-
sible.

C'est qu'en effet, le système modulaire établit les proportions
suivant une méthode telle, qu'en dernière analyse, il peut ne sub-
sister aucun des nombres simples sur lesquels ces proportions
sont fondées.

Un exemple théorique rendra cette conséquence sensible,
mieux encore que le raisonnement.

Élevons un temple dorique et hexastyle en employant le module des proportions générales et les modules correctifs des entre-colonnements et des architraves (pl. IX).

L'entre-colonnement sera moyen entre le pycnostyle et le systyle, c'est-à-dire, de 1 module 3/4, le module étant égal au
diamètre de la colonne.

La largeur A-B du temple est de 50 pieds, plus une fraction.
(Nous affirmons le caractère général de notre exemple, en ne
cherchant pas de rapports simples entre le module et le pied.)

Pour obtenir le module, nous diviserons cette largeur en 14 parties et 3/4. Puis nous donnerons aux colonnes la hauteur cano-
nique indiquée par Vitruve (7 modules), et nous proportionnerons
ensuite l'entablement à cette hauteur.

La frise devant avoir des triglyphes à ses extrémités et les entre-colonnements étant égaux, la première et la dernière métope seront plus larges que les autres.

Pour avoir toutes les métopes égales nous aurons à diminuer la largeur des entre-colonnements angulaires. Il nous faudra aussi grossir d'une cinquantième partie de leur diamètre les colonnes extrêmes de la façade du temple[1].

Il s'ensuivra que les axes des colonnes seront déplacés et qu'aucun entre-colonnement n'aura plus exactement 1 module et 3/4.

Appliquons maintenant le canon des entre-colonnements, en admettant que, pour l'ordre dorique la différence de hauteur entre les divers genres d'entre-colonnements soit de 1/4 de module[2]. Le module correctif augmente la hauteur des colonnes de 3/8 de module, si, pour plus de simplicité, nous considérons comme systyle l'entre-colonnement de 1 module 3/4. Mais, les 7 modules de hauteur de la colonne égalent 25 pieds. Or, cette dimension détermine pour l'architrave une hauteur spéciale de laquelle dépendent, à leur tour, la proportion de la frise et celle de la corniche (voir pl. IV).

De plus, le diamètre supérieur de la colonne et l'inférieur doivent être entre eux dans le rapport de 6 à 7 (voir pl. IV). On doit donc proportionner en conséquence le diamètre inférieur des colonnes qui sont représentées à l'encre rouge. De là, une légère diminution de ce diamètre et un nouveau module. Il est aisé de se rendre compte de cette dernière correction; la dimension de la planche IX ne nous permet pas de l'exprimer par des lignes.

Si l'on exécute toutes les opérations qu'exige l'emploi de ces divers modules, et que nous avons antérieurement décrites, il ne reste en place aucune des lignes du tracé primitif, et l'on ne retrouve dans le dernier temple aucune des proportions du premier.

---

1. « Etiamque angulares columnae crassiores faciendae sunt ex sua diametro quinquagesima parte, quod eae ab aere circumciduntur et graciliores videntur esse aspicientibus. » (III, III, 12.)

2. C'est-à-dire : pycnostyle, 7 m. 1/2; systyle, 7 m. 1/4; eustyle. 7. m: diastyle, 6 m. 3/4; aréostyle, 6 m. 1/2.

Ce résultat est rendu sensible par la superposition des figures noire et rouge de la planche IX.

Donc, le module principal, celui que détermine en premier lieu la largeur d'un temple, servait à former le canevas sur lequel on exécutait le tracé définitif de ce temple, au moyen d'autres modules ; et les proportions, d'abord dans des rapports simples, accusaient finalement des rapports complexes.

Les modifications des symétries s'étant produites dans un ordre suivi, il en est résulté de nombreuses analogies entre les temples d'un même mode et d'une même époque. Mais en fait, ces temples, comme tous les autres, ont chacun des symétries spéciales, des proportions qui leur appartiennent en propre ; et il en est ainsi par la raison que l'emploi des modules auxiliaires et des modules correctifs permettait toujours à l'architecte de mettre, à son gré, ces proportions et ces symétries en harmonie avec les dimensions.

Voilà le trait saillant du système de proportion employé par les Grecs, dans leur architecture. Satisfait de l'avoir mis en évidence, nous ne déciderons pas des particularités que l'on associe d'ordinaire à ce système.

Nous accorderons volontiers que les Grecs ont pu mettre souvent les différents modules en rapport simple avec l'échelle métrique.

Nous admettons même que, dans les proportions définitives, ils se soient astreints parfois, sous l'influence des idées pythagoriciennes, à l'emploi répété de certains nombres, qu'ils tenaient pour symboliques.

Peut-être, quelques architectes tentèrent-ils d'introduire, dans ces mêmes proportions, les rapports arithmétiques, de préférence aux rapports harmoniques.

Ou bien encore, le module principal s'identifia-t-il, suivant les époques, avec différents diamètres de la colonne.

Tout cela est possible.

Mais ces particularités diverses ne peuvent empêcher le système modulaire de former, sans leur concours, un tout achevé en soi ;

c'est avec un caractère accidentel qu'elles s'y lient : elles n'en sont pas partie intégrante.

Si l'espace ne nous était pas mesuré nous aurions à poursuivre nos investigations :

— Les Grecs étaient-ils redevables du système modulaire à d'autres peuples?

— L'ont-ils, au contraire, créé de toutes pièces?

— Quelles sont les conséquences esthétiques de ce système?

Autant de questions d'une haute importance et que nous laissons de côté à regret : on ne pourrait essayer d'y répondre sans définir, en même temps, les origines de l'architecture antique.

Nous nous contentons, pour le moment, d'avoir dégagé du texte de Vitruve le mécanisme du système modulaire, si peu expliqué, jusqu'ici.

Il n'était pas sans intérêt de montrer ce mécanisme en action; de mettre en évidence l'élasticité de son jeu; de faire ressortir l'importance de son rôle; d'établir enfin que, dans les symétries de leurs édifices, les Grecs ont évité, par son moyen, les inconvénients de la formule, tout en se conformant à la règle.

Charles Chipiez.

ANGERS, IMP. BURDIN ET Cⁱᵉ, RUE GARNIER, 4.

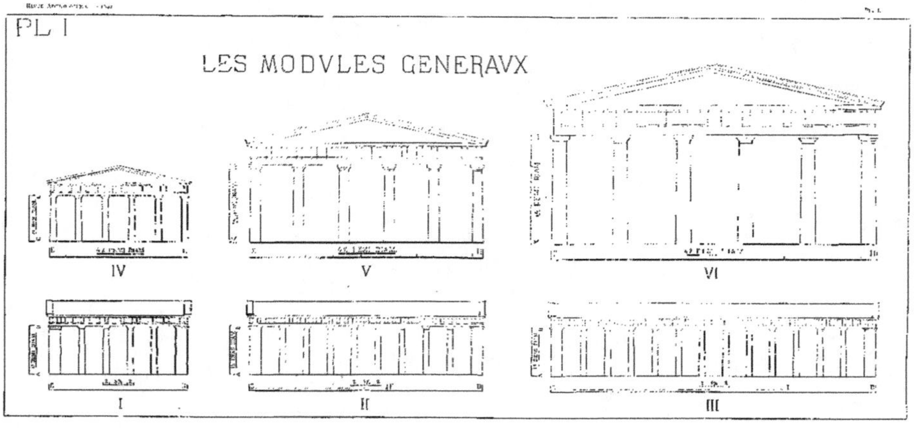

PL I
LES MODVLES GENERAVX
IV
V
VI
I
II
III

LES MODVLES GENERAVX

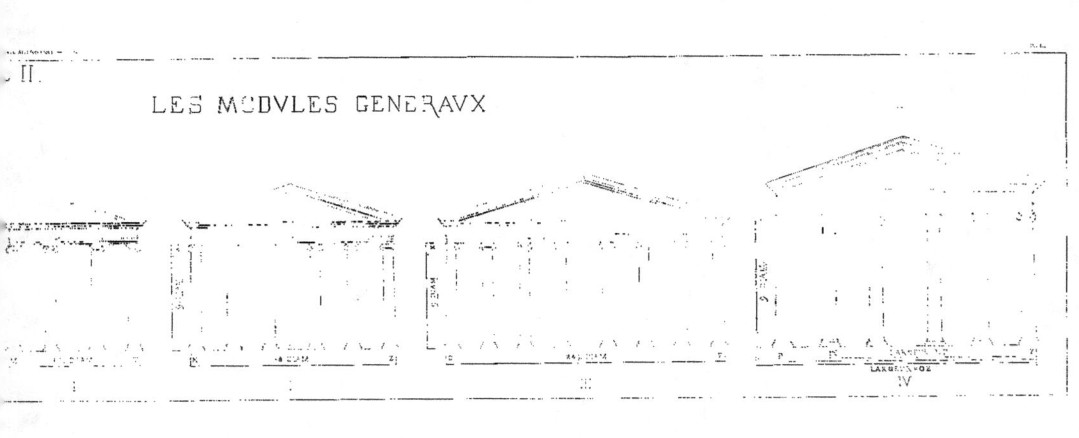

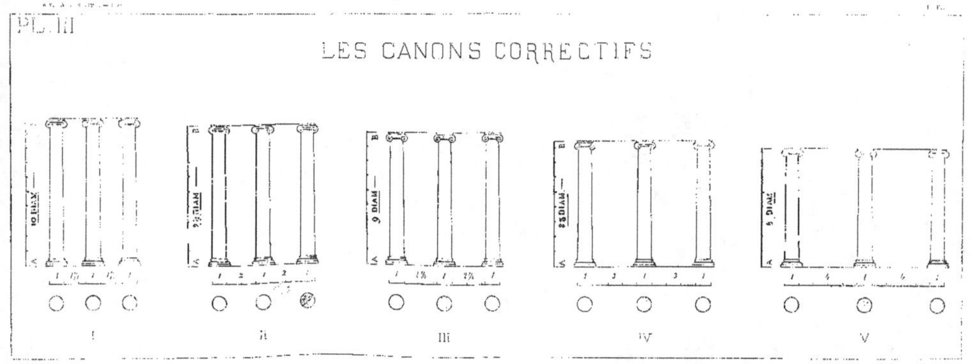

PL. III
LES CANONS CORRECTIFS
10 DIAM.
9½ DIAM
9 DIAM
8½ DIAM
8 DIAM
I
II
III
IV
V

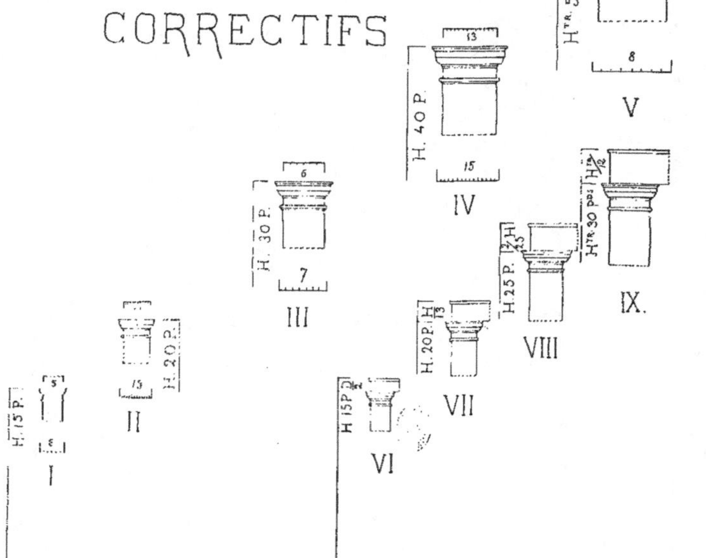
PL. IV
LES MODVLES CORRECTIFS
I
H. 15 P.
5
3
II
H. 20 P.
15
III
H. 30 P.
6
7
IV
H. 40 P.
13
15
V
H.TR. 50 P.CS.
7
8
VI
H. 15 P.
2
VII
H. 20 P.
3
VIII
H. 25 P.
5
IX
H.TR. 30 P.CS.
H.1/2

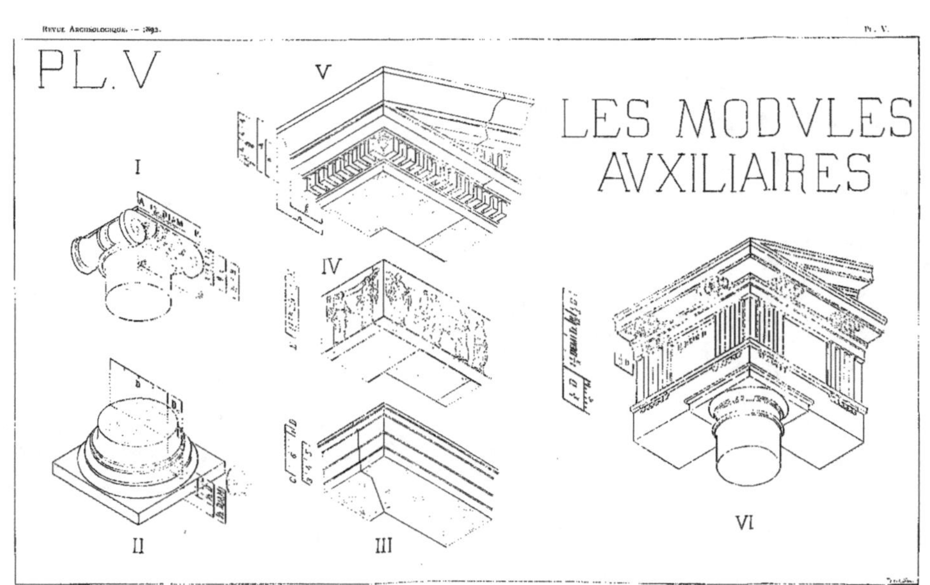
PL.V
LES MODVLES
AVXILIAIRES
I
II
III
IV
V
VI

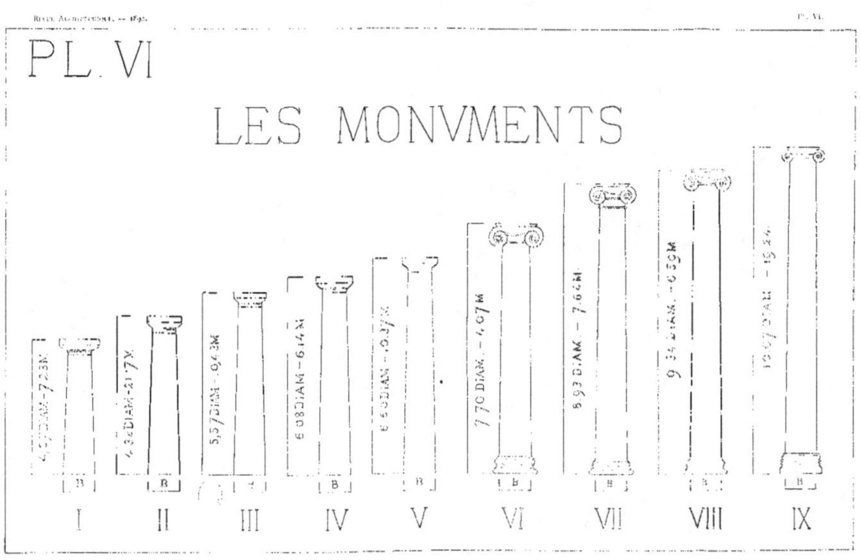
REVUE ARCHÉOLOGIQUE. — 1895.
PL. VI
PL. VI
LES MONVMENTS
4.93 DIAM - 7.25 M
4.36 DIAM - 21.7 M
5.57 DIAM - 0.43 M
6.08 DIAM - 6.14 M
6.60 DIAM - 0.37 M
7.70 DIAM - 4.07 M
8.93 DIAM - 7.64 M
9.34 DIAM - 6.50 M
10.47 DIAM - 15.24
I   II   III   IV   V   VI   VII   VIII   IX

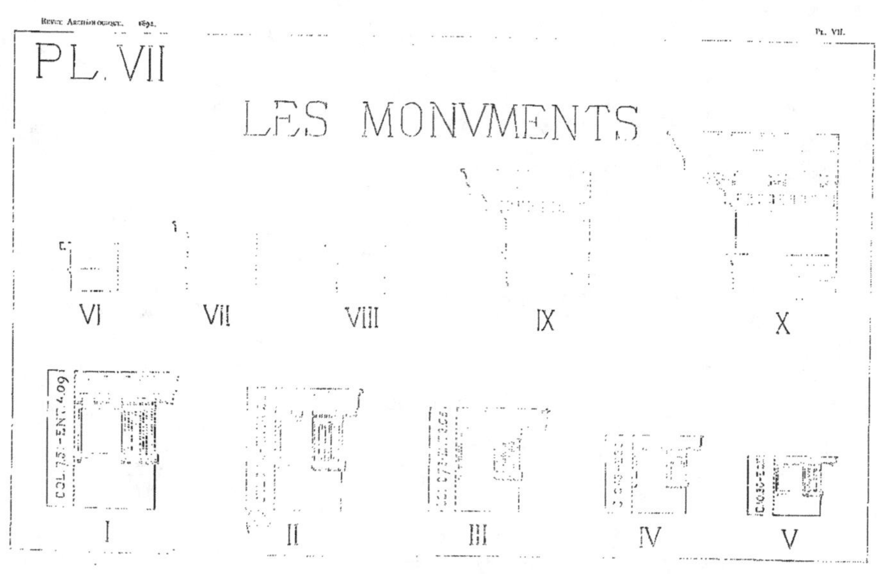
PL. VII
LES MONVMENTS
VI
VII
VIII
IX
X
I
II
III
IV
V

PL. VIII

LES MONVMENTS

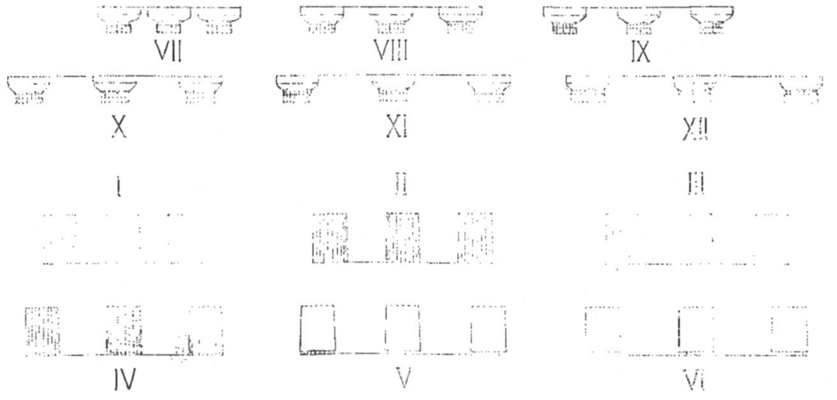

VII VIII IX

X XI XII

I II II

IV V VI

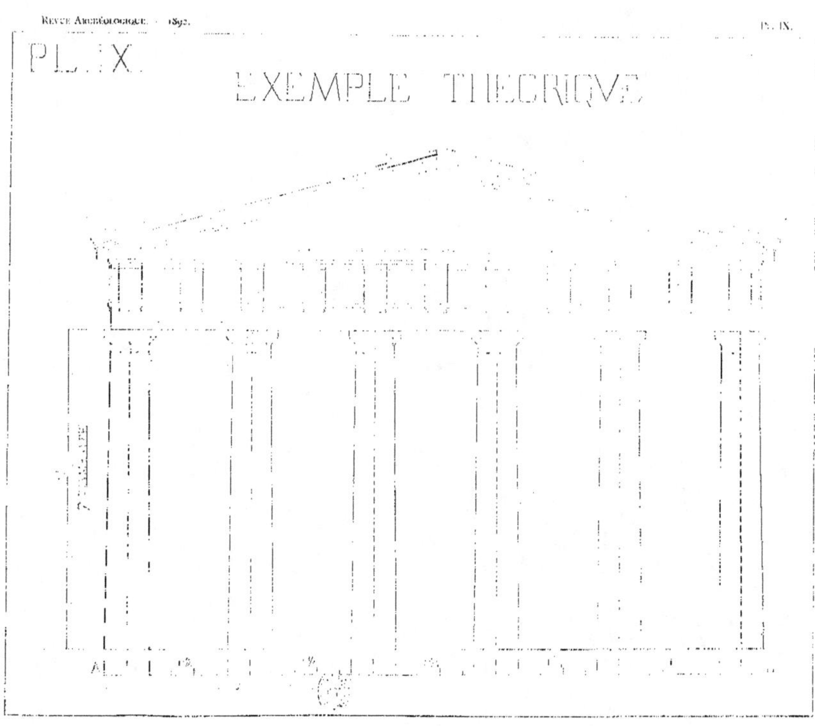
PL. X.
EXEMPLE THÉORIQUE

www.ingramcontent.com/pod-product-compliance
Lightning Source LLC
LaVergne TN
LVHW022330170726
843503LV00006B/2805